Wolfgang Endres
Moritz Küffner

Rhetorik und Präsentation in der Sekundarstufe I

Das Know-how für Lehrer/innen und Schüler/innen

Beltz Verlag · Weinheim und Basel

Lektorat: Jürgen Hahnemann

www.beltz.de
Herstellung: Markus Schmitz, Altenberge
Grundlayout: Christian Herr, München
Illustrationen: Bernhard Zerwann, Bad Dürkheim
Druck: Druck Partner Rübelmann, Hemsbach
Umschlaggestaltung: glas ag, Seeheim-Jugenheim
DVD-Produktion: Tobias Wölfle, www.bildlieferanten.de
Printed in Germany

ISBN 978-3-407-62610-3

Inhaltsübersicht

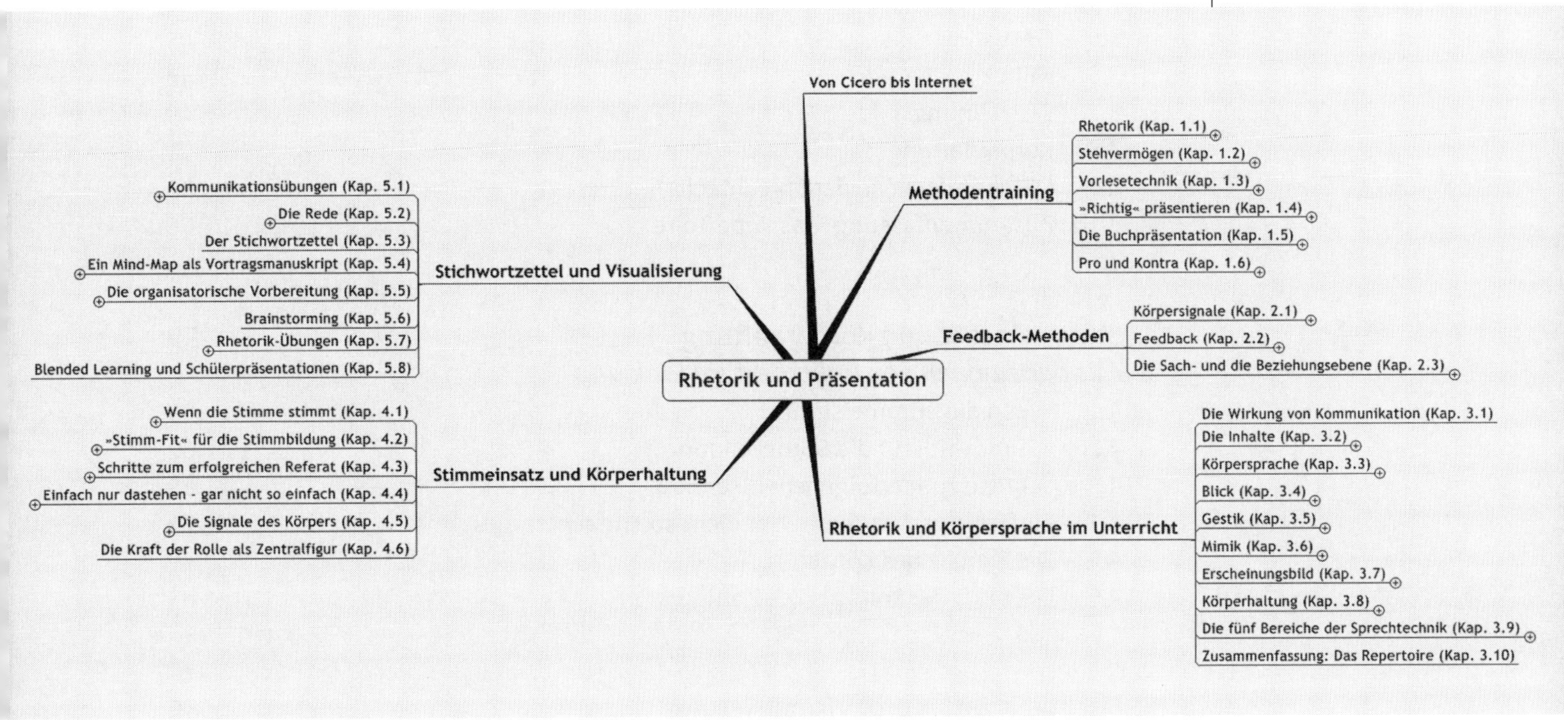

Einleitung

Von Cicero bis Internet

Lehrerinnen und Lehrer stehen täglich auf dem »Präsentierteller« und sind rhetorisch gefordert. Aber auch für Schüler/innen ist Präsentieren ein wichtiges Lernziel. Das vorliegende *Methoden-Magazin »Rhetorik und Präsentation«* gibt Lehrer/innen beides an die Hand: Übungseinheiten für das eigene Rhetoriktraining und Unterrichtsideen mit Materialien für ein gezieltes Einüben von Präsentationen und rhetorischen Fertigkeiten.

Viele klassische Rhetorikregeln der Antike sind heute noch gültig. Schon der griechische Dichter Homer hat im 8. Jahrhundert v. Chr. in seinen Werken »Ilias« und »Odyssee« erste Rhetorikbeispiele vorgestellt. Den Sophisten, die im 4. Jahrhundert v. Chr. Rhetorikschulen gründeten, verdanken wir die Kunst der Dialektik, d. h. einen bestimmten Sachverhalt immer von verschiedenen Sichtweisen zu betrachten. Aristoteles (384–322 v. Chr.) versucht, Logik mit praktischer Psychologie zu verbinden, d. h. ein guter Redner muss das Gemüt seiner Zuhörer erkennen, um sich darauf einstellen zu können, aber er kann nur dann überzeugen, wenn er auch über ausreichende Fachkenntnisse verfügt. Sein Zeitgenosse Demosthenes (384–322 v. Chr.) war ein brillanter Redner und ist vor allem wegen seiner eigenwilligen Stimmbildung in die Geschichte eingegangen: Er soll mit Kieselsteinen im Mund gegen die Brandung des Meeres angeschrien haben, um seine Stimme zu trainieren.

Der Höhepunkt der römischen Rhetorik zeichnet sich in dem herausragenden Redner Cicero (106–43 v. Chr.) ab. Er forderte eine ganzheitliche Bildung für seinen *orator perfectus*, den perfekten Redner, welchen er durch drei, ebenfalls heute noch gültige, Kriterien beschreibt:

- *natura:* die natürlichen Anlagen des Menschen
- *ars:* die Kunst der Rhetorik mit theoretischen Grundlagenkenntnissen
- *exercitio:* Übungen für ein geistiges und körperliches Training

Und für die Inhalte einer Rede fordert er in seinem Werk »De oratore«, dass öffentliche Reden ausschließlich im Dienste des Guten gebraucht und verantwortet werden.

Auf solche Wurzeln stützen sich viele Teile dieses **M**ethoden-**M**agazins. Natürlich nutzen wir darüber hinaus auch **M**oderne **M**edien. Auf der beiliegenden DVD finden Sie Trainingssequenzen, die Sie einzeln ansteuern können, um für sich privat zu üben oder einzelne Szenen im Unterricht vorzuführen.

Die Zurückhaltung einiger Lehrkräfte gegenüber manchen neu(er)en Lernmethoden könnte dadurch abgebaut werden, dass Schüler/innen sich diese Methoden anhand der hier vorgestellten Modelle selbstständig aneignen und im Unterricht präsentieren. Ein sehr geeignetes Beispiel hierfür bietet das **M**ind-**M**apping.

Im Zeitalter des Internet bieten sich darüber hinaus viele Möglichkeiten, den Gedankenaustausch über Unterrichtsmethoden zu nutzen. Als Beispiel wird das **M**edium **M**oodle ausführlich vorgestellt: Moodle ist ein Software-Paket, um internetbasierte Kurse und Webseiten zu produzieren. Es ist ein dauerhaftes Entwicklungsprojekt, das für den Online-Erziehungs- und -Schulungsbereich entwickelt wurde. Moodle wird als freie Software (unter GNU Public License) zur Verfügung gestellt. Sie dürfen die Software kopieren, benutzen und weiterentwickeln. »Moodle« steht als Begriff auch für eine einfache Lerntechnik, das Kennenlernen von neuen Lernmethoden, die wiederum die Kreativität und Aufnahmefähigkeit des Benutzers fördert.

Die vielfältigen Möglichkeiten für Rhetoriktraining und Präsentationstechniken hat ein Expertenteam in diesem **M**ethoden-**M**agazin zusammengetragen. Jeder Beitrag behandelt ein Schwerpunktthema und setzt eigene Akzente. Das gibt diesem Arbeitsbuch den Magazincharakter. Betrachten Sie bitte die Überschneidungen, die Sie in den einzelnen Beiträgen mitunter finden, als besondere Gewichtung der betreffenden Themen und als eine gute Gelegenheit der Wiederholung und Vertiefung.

Ein Wort noch zu geschlechtsneutralen Formulierungen: Um Ihren Lesefluss nicht durch zu viele Schrägstriche zu hemmen, ist im Folgenden nur von »Rednern« und »Zuhörern« die Rede – Frauen sind selbstverständlich immer mit gemeint. Schließlich zeigt die Lebenserfahrung, dass diese sicher nicht die schlechteren Redner und Zuhörer sind …

Wir wünschen Ihnen für Ihr eigenes Stimm- und Rhetoriktraining und für Ihren Unterricht viel Freude – von Cicero bis Internet.

Wolfgang Endres

Referent in der Lehrerfortbildung, Gründer des Studienhauses St. Blasien (www.endres.de), Mitbegründer und Koordinator des BeltzForums (www.beltzforum.de), seit 1993 Regisseur der Domfestspiele St. Blasien

Moritz Küffner

Lehrbeauftragter für Rhetorik- und Präsentationstechniken an der Ludwig-Maximilians-Universität München, Dozent der SiemensForen München und Erlangen, Publikumsperformance und TV-Moderation für diverse Sender (www.redefreu.de)

Jürgen Hahnemann

Lektor im Beltz-Fachverlag für Pädagogik, unterrichtete Französisch und Evangelische Religion am Gymnasium (Kontakt: j.hahnemann@beltz.de)

Florian Rustler

Zertifizierter Mind Mapping Trainer, bietet Seminare und Beratung zu Denk- und Arbeitstechniken in Deutschland und Asien (die Seminare werden auf Deutsch, Englisch und Chinesisch gehalten; www.creaffective.de, www.creaffective.de/blog)

Percy Hoven

TV-Journalist und Sprecher (Kontakt: Percy.Hoven@t-online.de)

Ruth Seebauer

Atem-, Sprech- und Stimmlehrerin; Stimmtrainerin für die Lehrerfortbildungen »Stimmhygiene für die Lehrergesundheit« und »Lehrer als Schauspieler«; Dozentin für Sprecherziehung und Stimmbildung an der Berufsfachschule für Schauspielkunst (Kontakt: im@Stimmfluss.de)

Sabine Huber

Lehrerin für Deutsch und Englisch am Michaeli-Gymnasium München; seit 2005 Digitale-Schule-Bayern.de: Mitgründerin der Initiative, Ausbau der Fachportale sowie Administration und inhaltliche Betreuung der Moodle-Online-Klassenräume (www.digitale-schule-bayern.de, Kontakt: mrshuber@gmx.de)

Frithwin Wagner-Lippok

Diplom-Psychologe, Diplom-Biologe, Schauspieler und Regisseur (Kontakt: himmelschwarz@hotmail.com)

1 Methodentraining

Das richtige »Handwerkszeug« für eine gute Präsentation

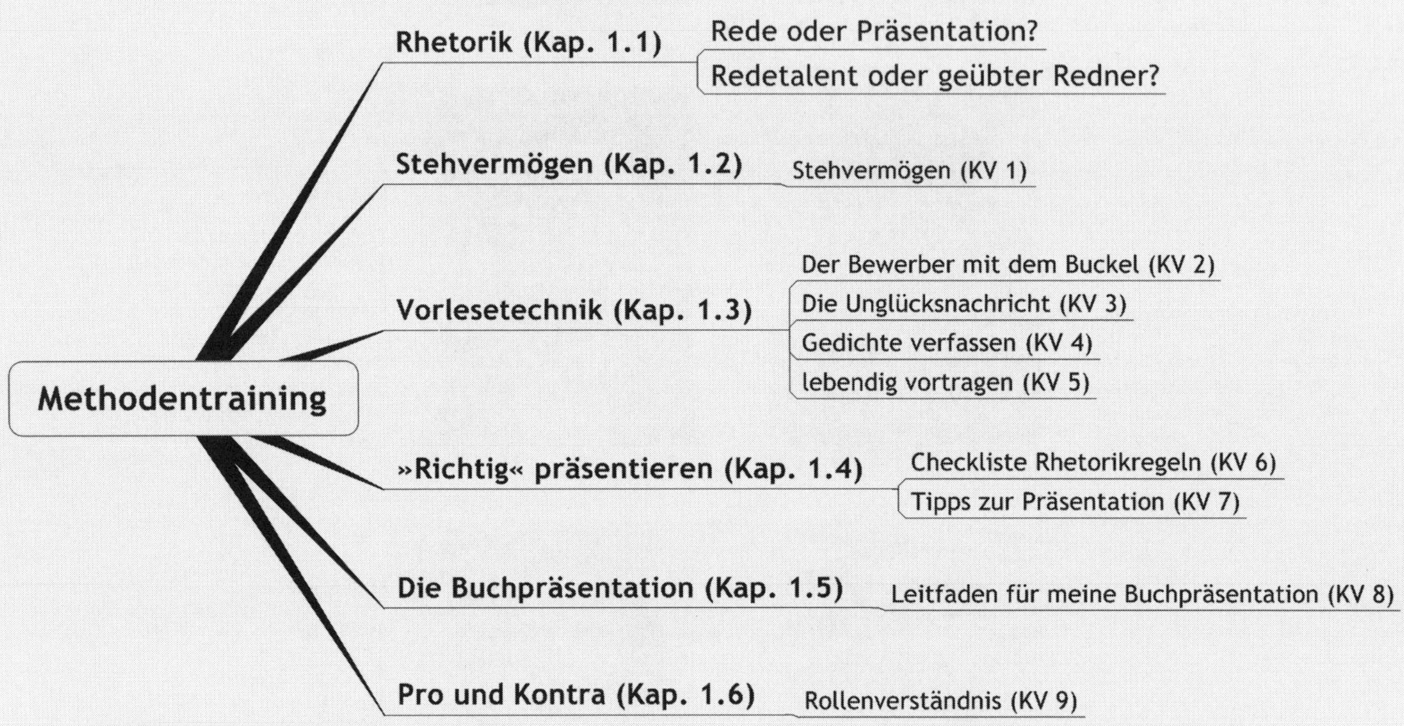

1.1 Rhetorik

Dem griechischen Ausdruck *rhetorike techne* entlehnt, bedeutet die wörtliche Übersetzung des Begriffs Rhetorik nichts anderes als »Redekunst«. Wir wollen für den Gebrauch in diesem Methoden-Magazin folgende Definition zugrunde legen: »*Rhetorik ist die Lehre der guten und wirkungsvollen Rede.*« Hierin enthalten sind drei wertvolle Eigenschaften der Rhetorik:

- *Die Lehre:* Eine Lehre lässt sich nicht nur weitergeben, sondern ist auch zu erlernen. Im Gegensatz zur »Redekunst«, die vielleicht nur einigen talentierten Rednern zugänglich sein könnte, steht die Lehre grundsätzlich allen Menschen zur Verfügung.

- *Die gute Rede:* »Gut« bezeichnet hier die Intention, eine Bereicherung für alle zu erzielen. Die gute Rede beabsichtigt nicht den Vorteil Einzelner, sondern eine Win-Win-Situation.
- *Die wirkungsvolle Rede:* Ganz gleich, ob Zuhörer ins Handeln kommen, neue Ideen entwickeln, Verhaltensweisen ändern, sich für das Thema begeistern lassen oder langfristig von den dargebotenen Informationen profitieren – eine rhetorische Leistung zeichnet sich durch die Kraft aus, die Herzen und Köpfe der Zuhörer bewegen zu können.

Wenn in einer Kommunikationssituation einer der beiden Beteiligten verliert, gehen letztlich beide Gesprächspartner als Verlierer aus der Situation hervor.

Rede oder Präsentation?

Eine Rede beschränkt sich auf die Darstellung von Informationen und Sachverhalten durch Worte, Stimme, Körpersprache. Eine Präsentation erweitert diese drei V's bzw. Bereiche (verbal, para-verbal, non-verbal) um ein viertes V: die *Visualisierung*. Mithilfe von Medien wie z. B. Tafel, Flipchart oder Beamer kann ein Präsentator den Zuhörern fertige Bilder liefern. Diese können z. B. in Form von grafischen Darstellungen, Foto- und Videoaufnahmen oder Anschauungsmaterial dargeboten werden.

Eine reine Rede verzichtet auf diese Visualisierungsmittel. Sie lebt von der Art und Weise ihrer sprachlichen Performance. Ist diese Darbietung gut, dann gelingt es dem Redner, Bilder in den Köpfen seiner Zuhörer zu erzeugen. Wer beim Zuhören einen Film vor dem inneren Auge ablaufen sieht, sitzt einem brillanten Redner gegenüber – oder einem Fernsehgerät.

Die »hohe Kunst« der Rede: Bilder oder Filme in den Köpfen der Zuhörer erzeugen.

FAZIT

➤ Die *Präsentation* setzt verstärkt auf Visualisierung und den Einsatz von Präsentationsmedien, während eine gute *Rede* auf die Bildhaftigkeit der Sprache und die Prägnanz des Redners angewiesen ist.

Redetalent oder geübter Redner?

Gute bis beeindruckende Redner verdanken ihr Können einem einfachen Umstand: Übung. Gestützt wird diese Behauptung durch die lateinische Weisheit *»poeta nascitur, orator fit«* (der Dichter wird geboren, der Redner wird gemacht).

Die landläufige Meinung ist eindeutig: Die einen haben leider weniger Talent, ihre Zuhörer zu fesseln, während andere als talentierte Redner mit besonderen verbalen Fähigkeiten ausgestattet sind. Die breite Mehrheit liegt irgendwo dazwischen.

Kinder, die als Redetalente erkannt werden, verdanken ihre Fähigkeiten der Tatsache, dass sie sich überwiegend extrovertiert verhalten. Ein extrovertiertes, aufgeschlossenes Kind sammelt vom ersten Lebensjahr an wesentlich mehr Kommunikationserfahrung als ein introvertiertes, in sich gekehrtes Kind.

Ein extrovertiertes Kleinkind hat bereits – verglichen mit seinen introvertierten Altergenossen – ein Vielfaches an Kontakt- und Kommunikationssituationen durchlebt und reflektiert. Die daraus resultierende Kommunikationserfahrung potenziert sich im Laufe des Heranwachsens. Später wird daraus »das Redetalent, das immer schon eines war«.

FAZIT

»*Reden lernt man durch reden.*« *Cicero*

➤ *Jeder und jede kann die Fähigkeit zur guten und wirkungsvollen Rede erwerben.* Dennoch tun sich die einen beim Umsetzen der Erfahrungswerte leichter als die anderen, die vielleicht kleinere bzw. langsamere Fortschritte in der rhetorischen Entwicklung machen. Für jeden Menschen aber gilt beim Thema Kommunikationsfähigkeit: *Wer übt, wird besser. Wer übt und bewusst Feedback einfordert, wird noch rascher noch besser!*

1.2 Stehvermögen

Während Sie die Klasse betreten, ohne ein Wort zu sagen, spricht Ihr Körper bereits. Samy Molcho hat einmal in einem Seminar zu einem Lehrer gesagt: »*Zeige mir, wie du vor der Klasse stehst, und ich sage dir, was für ein Stehvermögen du hast.*« Wer fest und sicher steht, wer standhaft ist, wird auch mit diesen Eigenschaften wahrgenommen. Und wie nehmen Sie sich selbst dabei wahr? Wie stehen Sie unaus-steh-liche Situationen durch?

KV 1: Stehvermögen 15

Wenn Sie Ihr »Stehvermögen« einmal bewusst wahrnehmen wollen, gehen Sie mit dem Text auf → S. 15, ohne ihn zu lesen, durch den Raum. Nach einer Weile bleiben Sie stehen und lesen ihn sich am besten laut vor.

Nach diesem eher meditativen Einstieg geht es mit kleinen Schritten weiter. Und doch stellt die anschließende Übung bereits einige der wichtigsten Rhetorikregeln in den Blickpunkt. Dabei dienen die beiden Arbeitsblätter zum betonten Lesen nur als erste Anregung – vielleicht bleiben Sie auch mit einem fachspezifischen Text, z.B. aus dem Schulbuch, näher an Ihrem regulären Unterricht.

1.3 Vorlesetechnik

KV 2: Der Bewerber mit dem Buckel 16

KV 3: Die Unglücksnachricht 17

Die Schüler/innen bekommen ein Textblatt mit möglichst viel direkter Rede. Den Text bearbeiten sie mit Stift und Textmarker und lesen ihn anschließend nach ihren eigenen Anweisungen vor. Mögliche Arbeitsanweisung:

- unterstrichene Stellen = betont langsam
- mit Leuchtschreiber markierte Stellen = kräftig und laut
- senkrechte Striche | nach einem Wort = längere Pause

Mutig zu betonen ist ein nächster Übungsschritt. Lautmalerische Gedichte oder Nonsenstexte sind als Vorlage dafür sehr geeignet. Deshalb bieten die folgenden Arbeitsblätter auch Anregungen zum Verfassen eigener Gedichte (→ S. 18). Ein schönes Beispiel aus dem Dadaismus liefert Hugo Ball mit der »Karawane«, die sich wunderbar in Szene setzen lässt (→ DVD). Auch für ein Gedicht von James Krüss könnten die Schüler/innen »Feuer und Flamme« sein und das mit ihrem Vortrag zeigen und spüren lassen (→ S. 19).

18 KV 4: Gedichte selbst gemacht

19 KV 5: Lebendig vortragen

»Richtig« präsentieren 1.4

Wer erfolgreich präsentieren möchte, sollte sich zuerst bewusst werden, dass innerhalb der Rhetorik die Bewertung in »richtig« oder »falsch« grundsätzlich hinderlich ist. Die Erwähnung sachlich falscher Informationen ist natürlich weiterhin als falsch zu bezeichnen, jedoch nicht die Art und Weise der Darbietung!

Das Wort »präsentieren« (lat.-frz.) bedeutet nach seiner Herkunft

- überreichen, darbieten oder
- vorlegen, vorzeigen, vorweisen.

So, wie Schüler/innen etwas überreichen, so überreichen sie es eben. Und so, wie sie etwas im Moment der Präsentation darbieten, so bieten sie es dar. *Darin liegt grundsätzlich nichts Richtiges oder Falsches.* Die Betrachtung und die Analyse eines Referats sollten deshalb unter dem Motto stehen: *Was hat gut und was hat weniger gut funktioniert?*

Denn im Detail betrachtet kommen die unterschiedlichen Aspekte einer Präsentation bei jedem Zuhörer und jeder Zuhörerin anders an. Es sollte deshalb im Mittelpunkt der gemeinsamen rhetorischen Entwicklung stehen, dass Sie zusammen mit Ihren Schüler/innen herauszufinden: Was hat *für die meisten Zuhörer* gut funktioniert und was weniger oder überhaupt nicht?

Motto: »Gut ist besser als perfekt.«

WIE WÄR'S,

wenn Sie jede Präsentation in der Sekundarstufe I als Experiment betrachten?
Das Ziel jedes Experiments: Inhalte auf ansprechende und wirkungsvolle Weise vermitteln.
Der Ausgang: ungewiss!
Das Resultat: Die größten Lern- und Entwicklungsschritte machen Ihre Schüler/innen genau dort, wo Dinge wenig bis überhaupt nicht funktioniert haben.

20 KV 6: Checkliste Rhetorikregeln

21 KV 7: Tipps zur Präsentation

WENIGER IST MEHR!

Nehmen Sie den Druck für Ihre Schüler/innen raus! Eine perfekte Präsentation existiert sowieso nicht. Statt nach sehr guten oder perfekten Leistungen zu streben, setzen sie sich und ihren Schüler/innen das Ziel einer *guten Präsentation*!

1.5 Die Buchpräsentation

Die Beschäftigung mit Büchern bietet Gesprächs- und Redeanlässe. Viele Projektideen führen zum Bücherlesen: Lesenacht, Bibliotheksbesuch, Autorenlesung oder eine eigene kleine *Buchmesse.* Dazu bringen alle Schüler/innen ein oder zwei (gekennzeichnete) Bücher mit, die im Klassenzimmer ausgestellt werden. Die nächste Unterrichtsstunde wird zum Messebummel: Jeder verschafft sich einen Überblick, schmökert mal in diesem, mal in jenem Buch, stellt das eine gleich zurück und bleibt an einem anderen länger hängen.

KV 8: Leitfaden für meine Buchpräsentation 22

Ihr ausgewähltes Buch präsentieren die Schüler/innen einige Zeit später vor der Klasse oder an einer Lernstation. Das Arbeitsblatt auf → S. 22 liefert einen Leitfaden zur Vorbereitung einer guten Buchpräsentation.

1.6 Pro und Kontra

Argumentieren und Diskutieren sind gleichermaßen ein Denk-, Sprech- und Disziplintraining. Die Schüler/innen vertreten unterschiedliche Positionen, betrachten sie aus verschiedenen Perspektiven und tauschen Pro- und Kontra-Argumente aus.

Sie sammeln gemeinsam Diskussionsthemen und schreiben das interessanteste oder brisanteste als Frage oder These an die Tafel. Danach teilt sich die Klasse in Kleingruppen auf und diskutiert die Pro- und Kontra-Aspekte. Anschließend führen zwei oder drei Vertreter der Pro- und Kontra-Position eine Podiumsdiskussion. Durch eine Abstimmung vor und nach der Diskussion bleibt die ganze Klasse beteiligt, und es wird je nach Argumentation vielleicht eine Meinungsänderung sichtbar.

KV 9: Rollenverständnis 23

Eine schöne Variante bietet das *Rollenspiel.* Zur Vorbereitung kopieren Sie das Arbeitsblatt (→ S. 23) und verteilen die einzelnen Aufgabenzettel. Von jeder Kennziffer sollte es nur drei oder vier Exemplare geben. Schüler/innen mit derselben Kennziffer bilden eine Kleingruppe und sammeln Argumente für die Position, die sie vertreten sollen. Anschließend treten die zusammengehörenden Pro- und Kontra-Teams, also A.1 gegen A.2 und so weiter, zur Podiumsdiskussion an.

1 Stehvermögen

Ich stehe
auf meinen Füßen,
an meiner Stelle,
an meinem Platz –
habe einen Standort,
einen Standpunkt
und meine Sicht.

Ich stehe und spüre
den Boden, seine Kraft
und den Widerstand.

Ich stehe also und
bin wie ich bin.

Nur ich kenne meine
Gedanken,
fühle den Schmerz
und mein Wohlsein.

Ich stehe für mich,
auf mich allein gestellt,
abgetrennt
und doch mit vielen
auf dem gleichen Grund.
Ich stehe in mir,
stehe zu mir
– zuweilen auch nicht,
stehe für mich ein
– und lass' es oft sein
und bleibe so allein.

Ich stehe mich aus
– und öfter die anderen,
erkenne genau:
Sich-Ausstehen
fordert mehr:
das Durchstehen,
Widerstehen,
das Aufstehen
in den Widerstand
und – vielleicht –
den Aufstand.

Ich gestehe,
dass ich kann und will,
dies und vieles mehr
und gestehe, dass ich
nicht mag,
nicht will,
nicht kann –
gestehe ein,
überfordert zu sein
– und bin so dabei,
ich selbst
und selbstständig
zu sein.
Da stehe ich also
und bin ich –
mit einem Rücken voller
Vergangenheit,
mit meiner Geschichte
aus Schicksal und Freiheit.
Ich bin geworden
bis in dieses Jetzt,
einmalig,
niemandes Kopie.

So stehe ich denn,
die Geschichte hinter mir
– und siehe: sie ist in mir,
ist da,
ist wirksam noch immer.
Was gewesen,
ist nicht zu ändern,
ist vorbei – und doch
eingefleischt,
eingeschrieben
in Leib und Geist.

Ich stehe
und spüre nach vorn:
ein Gesicht voller Zukunft
und – vielleicht – voller
Zuversicht.

Ich stehe
aufrecht, gelassen,
senkrecht in der Achse der
Zeit.

Ich spüre mich ganz,
verwurzelt im Grund,
wo jeder Selbststand grün-
det.

Ich stehe, stehe, stehe –
ich habe genug davon!
Ich bin kein Baum –
der muss steh'n,
ich nicht.

Ich öffne die Augen
und gehe.
Ich kann gehen,
den Standpunkt
wechseln.

aus: Frickel, M. (1996): Unterwegs – Woher? Wohin? Wege-Erfahrungen mit Michael Frickel, Mainz: Matthias-Grünewald-Verlag, S. 75–81 (gekürzt)

2 Der Bewerber mit dem Buckel

Der Philosoph Moses Mendelssohn wurde nicht nur von den jüdischen Gemeinden hochverehrt. Sein Vorbild und seine aufgeklärte Toleranz verewigte Lessing in seinem Schauspiel »Nathan der Weise«. Zu den Verehrerinnen Mendelssohns zählte auch die Tochter des Kaufmanns A. Guggenheim aus Hamburg, der ihn gerne als seinen Schwiegersohn gesehen hätte. Darum lud er Mendelssohn zu einem Besuch nach Hamburg ein.

Guggenheim hieß ihn herzlich willkommen und stellte ihm nach einiger Zeit seine Tochter vor. Dann ließ er die beiden allein.

Am nächsten Tag besuchte Mendelssohn den Kaufmann in seinem Büro. Die beiden waren etwas bedrückt, und keiner schien die richtigen Worte finden zu können. Mendelssohn räusperte sich und sprach von der anmutigen Tochter, die ihm sehr gefalle.

Guggenheim war sichtlich unwohl zumute. »Soll ich Ihnen ehrlich sagen ...«

»Ja, natürlich. Ich bitte Sie«, unterbrach ihn Mendelssohn.

»Da Sie ja ein Philosoph sind, ein wohldenkender und weiser Mann«, fuhr Guggenheim zögernd fort, »und Sie das Leben kennen, werden Sie es meinem Kinde nicht übel nehmen, dass sie, wie sie mir gesagt hat, erschrocken sei, als sie Sie gesehen hat, weil Sie ...«

»Weil ich einen Buckel habe!«, fiel ihm Mendelssohn ins Wort. Guggenheim nickte stumm.

»Ich habe nicht erwarten können, dass dies nicht passieren würde. Und ich habe das Entsetzen Ihrer Tochter wohl bemerkt, auch wenn sie sich sehr bemühte, es mich nicht merken zu lassen, um meine Gefühle nicht zu verletzen. Doch da ich Ihre Tochter lieb gewonnen habe, möchte ich sie zum Abschied gern noch einmal besuchen dürfen.«

Guggenheim gab seine Einwilligung, und Mendelssohn fand das Mädchen bei einer Näharbeit am Fenster sitzend. Mendelssohn nahm einen Stuhl, setzte sich zu der Tochter und unterhielt sich freundlich mit ihr. Doch das Mädchen sah kein einziges Mal von ihrer Näharbeit auf.

Sie hatten ganz allgemein von Glück, Ehe und Familie gesprochen, als das Mädchen fragte: »Glauben Sie etwa auch, dass die Ehen im Himmel geschlossen werden?«

»Ganz bestimmt glaube ich das«, antwortete der Philosoph. »Und ich weiß es aus eigener Gewissheit. Ihnen ist doch die Sage aus dem Talmud bekannt, die davon berichtet, dass bei der Geburt eines Kindes im Himmel festgelegt wird: Der und der bekommt die und die! Nun wurde auch mir meine zukünftige Frau zugewiesen, und dabei hieß es, dass sie einen Buckel haben wird. ›Lieber Gott‹, schrie ich da auf, ›das kann dein Wille doch nicht sein, ein so schönes Geschöpf durch einen Buckel zu verunstalten. Lieber Gott, dann gib besser mir den Buckel und lass das Mädchen schön und anmutig sein.‹«

Kaum hatte Mendelssohn das gesagt, als ihm das Mädchen zärtlich lächelnd um den Hals fiel.

»Füreinander bestimmt«, aus: Norbert Lechleitner (Hrsg.) (2004): Sonne für die Seele, S. 92 f. © Verlag Herder GmbH, Freiburg im Breisgau, 5. Gesamtauflage 2004

3 Die Unglücksnachricht

Liebe Mama, lieber Papa,

seit ich im Internat bin, war ich, was das Briefeschreiben angeht, sehr nachlässig. Ich will euch nun auf den neuesten Stand bringen. Aber bevor ihr anfangt zu lesen, nehmt euch bitte einen Stuhl. Ihr lest nicht weiter, bevor ihr euch gesetzt habt! Okay?

Also, es geht mir inzwischen wieder einigermaßen. Der Schädelbruch und die Gehirnerschütterung, die ich mir zugezogen hatte, als ich aus dem Fenster des Wohnheims gesprungen bin, nachdem dort ein Feuer ausgebrochen war, sind schon ziemlich ausgeheilt. Ich war nur zwei Wochen im Krankenhaus und kann schon fast wieder normal sehen.

Glücklicherweise hatte ein älterer Schüler meinen Sprung aus dem Fenster gesehen und gleich den Krankenwagen gerufen. Er hat mich auch im Krankenhaus besucht – und er kümmert sich auch jetzt noch rührend um mich. Er ist ein netter Junge, und wir lieben uns sehr und haben vor zu heiraten. Wir wissen noch nicht genau wann, aber es soll schnell gehen, denn ich bin schwanger. Ich weiß, wie sehr ihr euch freut, bald Großeltern zu sein – und ich bin sicher, ihr werdet das Baby gern haben und ihm die gleiche Liebe und Fürsorge zukommen lassen, die ihr mir als Kind gegeben habt.

Ich weiß, ihr werdet meinen Freund als Schwiegersohn mit offenen Armen in unserer Familie aufnehmen. Er ist nett, wenn auch schulisch nicht besonders erfolgreich. Auch wenn er jetzt von der Schule geflogen ist, sollte euch das nicht stören. Er ist wirklich ein lieber Junge.

Jetzt, da ich euch das Neueste mitgeteilt habe, möchte ich euch sagen, dass es im Wohnheim nicht gebrannt hat, ich keine Gehirnerschütterung und keinen Schädelbruch hatte, ich nicht im Krankenhaus war, nicht schwanger bin und keinen Freund habe, der von der Schule geflogen ist.

Allerdings bekomme ich in Geschichte eine Sechs und in Mathe eine Fünf. Und ich denke, dass das keine Katastrophe ist, wenn ihr bedenkt, was mir alles hätte passieren können.

Eure Tochter
Saskia

Frei nacherzählt nach einer Kalendergeschichte

4 Gedichte selbst gemacht

Haiku-Gedichte

Haikai oder Haiku ist eine Gedichtform, die aus Japan stammt. Bei einem Haiku-Gedicht kommt es nicht auf einen Reim an, sondern auf die Melodie der Sätze.

Die erste Zeile hat immer fünf Silben,

die zweite Zeile immer sieben,

die dritte Zeile wieder fünf.

Zum Beispiel: *Es darf Unsinn sein,*
nur auf Silben kommt es an:
Fünf und sieben – fünf.

Oder: *Heidelbeeren fein.*
Gurken schmecken immer gut.
Komisch ist der Sinn.

Elfchen-Gedichte

Bei dieser Gedichtform kommt es auf die Anzahl der Wörter an. Ein kurzer Text, der immer aus fünf Zeilen und insgesamt aus nur elf Wörtern bestehen darf, wird nach folgenden Vorgaben aufgebaut:

Erste Zeile	=	ein Wort	eine Eigenschaft
Zweite Zeile	=	zwei Wörter	ein Gegenstand, ein Wesen, das diese Eigenschaft hat
Dritte Zeile	=	drei Wörter	eine Aussage, was dieser Gegenstand oder dieses Wesen macht oder wo es vorkommt
Vierte Zeile	=	vier Wörter	eine persönliche Stellungnahme oder Aussage, die mit »ich« oder »mein« beginnt
Fünfte Zeile	=	ein einziges Wort	als Bewertung oder eine Art Zusammenfassung

Beispiele:

weiß
der Schnee
rieselt nass herab
ich ärgere mich gewaltig
kalt

leise
der Klingelton
säuselt im Bahnhof
mein Ahnen wird wahr
Liebe

5 Lebendig vortragen

Karawane

jolifanto bambla ô falli bambla
grossiga m'pfa habla horem
égiga goramen
higo bloiko russula huju
hollaka hollala
anlogo bung
blago bung
blago bung
bosso fataka
ü üü ü
schampa wulla wussa ólobo
hej tatta gôrem
eschige zunbada
wulubu ssubudu uluw ssubudu
tumba ba- umf
kusagauma
ba- umf

Hugo Ball

zit. nach http://de.wikisource.org/wiki/Karawane (Abruf am 31.1.2008)

Das Feuer

Hörst du, wie die Flammen flüstern,
Knicken, knacken, krachen, knistern,
Wie das Feuer rauscht und saust,
Brodelt, brutzelt, brennt und braust?

Siehst du, wie die Flammen lecken,
Züngeln und die Zunge blecken,
Wie das Feuer tanzt und zuckt,
Trockne Hölzer schlingt und schluckt?

Riechst du, wie die Flammen rauchen,
Brenzlig, brutzlig, brandig schmauchen,
Wie das Feuer, rot und schwarz,
Duftet, schmeckt nach Pech und Harz?

Fühlst du, wie die Flammen schwärmen,
Glut aushauchen, wohlig wärmen,
Wie das Feuer, flackrig-wild,
Dich in warme Wellen hüllt?

Hörst du, wie es leiser knackt?
Siehst du, wie es matter flackt?
Riechst du, wie der Rauch verzieht?
Fühlst du, wie die Wärme flieht?

Kleiner wird der Feuersbraus:
Ein letztes Knistern,
Ein feines Flüstern,
Ein schwaches Züngeln,
Ein dünnes Ringeln –
Aus.

James Krüss

aus: James Krüss (2001): Der wohltemperierte Leierkasten, © C. Bertelsmann Jugendbuch Verlag, München, in der Verlagsgruppe Random House GmbH

6 Checkliste: Rhetorikregeln

Diese Checkliste kann auch als Beobachtungs- und Feedback-Bogen eingesetzt werden.

Ich stehe gerade und fest auf beiden Beinen.

Ich atme tief durch.

Ich beginne erst, wenn alle »Technik« vorbereitet ist.

Ich warte, bis Ruhe herrscht.

Ich nehme Blickkontakt mit den Zuhörern auf.

Ich variiere mein Sprechtempo.

Ich spreche deutlich und hebe wichtige Stellen betont hervor.

Ich unterstreiche durch Gesten.

Ich mache kurze Sprechpausen.

7 Tipps zur Präsentation

Vorbereitung

- Notiere dir vor deiner Präsentation ein paar Fragen, die deine Lehrerin bzw. dein Lehrer und deine Mitschüler/innen dir oder eurer Projektgruppe möglicherweise stellen könnten.
- Überlege, welche Materialien du benötigst: Handzettel, Folien, Plakate, Prospekte, Bücher, Zeitungen, Fotos, Wandzeitung ...
- Willst du technische Geräte wie Tageslichtprojektor, CD-Player oder Laptop und Beamer einsetzen? Dann mache dich vorher ausreichend mit der Technik vertraut.
- Wenn du Folien einsetzen willst, findest du unten noch ein paar Extratipps.

Zum Start

- Lege alle Materialien bereit, die du für die Präsentation benötigst: Notizen, Handzettel, Folien, Plakate, Prospekte, Bücher, Zeitungen, Fotos, Wandzeitung ...
- Wenn du technische Geräte wie Tageslichtprojektor, CD-Player oder Laptop und Beamer einsetzen willst, mache die entsprechenden Geräte startklar und teste kurz, ob alles funktioniert.
- Stelle dein Thema (und bei einem Projekt auch eure Gruppe) vor.
- Berichte kurz, wo und wie du die Informationen zu diesem Thema bekommen hast.
- Schaue bei deinem Vortrag in die Klasse. Sprich langsam und laut.

Zum Schluss

- Freue dich über Fragen deiner Mitschüler/innen. Ermuntere sie zu fragen. Vielleicht stellst du auch selbst eine der Fragen, auf die du dich vorbereitet hast.
- Bedanke dich zum Schluss bei allen fürs Zuhören und ihr Interesse.
- Räume in Ruhe alles zusammen und freue dich über den Applaus der Klasse.

Feedback

- Lass dir sagen, was gut an deinem Vortrag war und was dir nicht so gut gelungen ist.

Wer Lob hören will, muss auch Kritik vertragen können.

Extratipps für die Arbeit mit Folien

- Benutze farbige Folienschreiber, die du auch in der Schule ausleihen kannst.
- Schreibe nicht zu klein und höchstens fünf oder sechs Zeilen.
- Es ist gut, wenn du eine Skizze oder Zeichnung präsentierst.
- Lege die Folie über das Original und zeichne dieses ab.
- Damit nicht alles krumm und schief wird, benutze ein kariertes Blatt aus deinem Matheheft als Unterlage.
- Bevor du mit dem Zeichnen anfängst, überlege kurz, ob du die Folie quer oder besser längs benutzt.

8

Leitfaden für meine Buchpräsentation

Titel: ______________________________

Autor: ______________________ ISBN: ______________

Verlag: ______________________ Preis: ______________

Das Buch hat Seiten und ❐ viele ❐ einige ❐ keine Bilder.

❐ Ich habe es geschenkt bekommen von ______________________

❐ Ich habe es selbst entdeckt bei ______________________

1.| In dem Buch geht es um ______________________

2.| Die Geschichte handelt von ______________________

____

3.| Es beginnt damit, dass ______________________

____

4.| Die wichtigsten Personen sind ______________________

____

5.| Am besten oder spannendsten finde ich die Stelle ______________________

____

6.| Ich lese einen Abschnitt von dieser Seite vor: ______________________

Vielleicht auch noch ein kurzes Stück von Seite: ______________________

7.| Und so geht die Geschichte zu Ende: ______________________

____

8.| Meine Bewertung (z.B. spannend, anstrengend oder locker zu lesen, will ich es weiter-empfehlen?): ______________________

____

____

Datum Unterschrift

9 Rollenverständnis

A1 Kinder dürfen selbst bestimmen, ob und wann sie in die Schule gehen. ➤ **Pro aus der Sicht von Kindern**	**A2** Kinder dürfen selbst bestimmen, ob und wann sie in die Schule gehen. ➤ **Kontra aus der Sicht von Eltern und Lehrer/innen**
B1 Kinder sollen selbst entscheiden, wie lange sie am Computer sitzen oder im Internet surfen. ➤ **Pro aus der Sicht von Kindern**	**B2** Kinder sollen selbst entscheiden, wie lange sie am Computer sitzen oder im Internet surfen. ➤ **Kontra aus der Sicht von Eltern und Lehrer/innen**
C1 Eltern müssen die Hausaufgaben ihrer Kinder regelmäßig kontrollieren. ➤ **Pro aus der Sicht von Lehrer/innen**	**C2** Eltern müssen die Hausaufgaben ihrer Kinder regelmäßig kontrollieren. ➤ **Kontra aus der Sicht von Kindern**
D1 Kinder wissen selbst, wann sie abends müde sind und ins Bett gehen sollen. ➤ **Pro aus der Sicht von Kindern**	**D2** Kinder wissen selbst, wann sie abends müde sind und ins Bett gehen sollen. ➤ **Kontra aus der Sicht von Eltern**
E1 Eltern dürfen die richtigen Freunde für ihr Kind aussuchen. ➤ **Pro aus der Sicht von Eltern**	**E2** Eltern dürfen die richtigen Freunde für ihr Kind aussuchen. ➤ **Kontra aus der Sicht von Kindern**
F1 ➤ **Pro aus der Sicht von Eltern und Lehrer/innen**	**F2** ➤ **Kontra aus der Sicht von Kindern**

2 Feedback-Methoden

Feedback als Hilfe zur Optimierung des Unterrichts

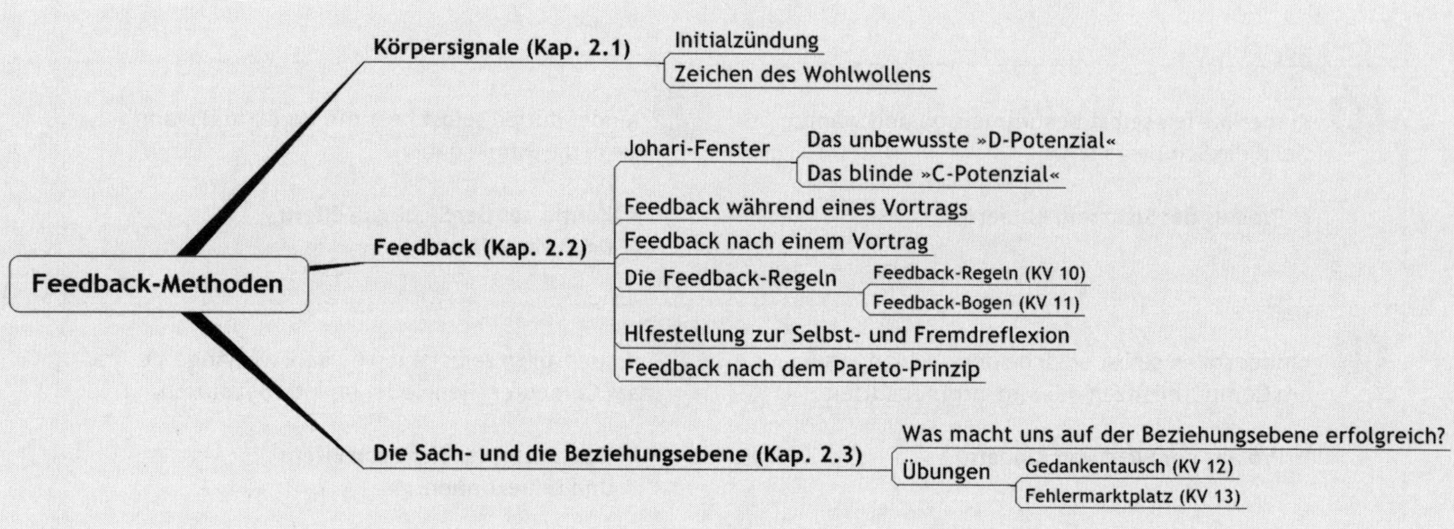

2.1 Körpersignale

Initialzündung

Stellen Sie sich vor, Sie sitzen im Theater. Andächtige Stille, langsam öffnet sich der rote Vorhang. Da kräht eine Stimme aus der ersten Reihe: »Schon falsch!«

Das ist ein sarkastischer Theaterwitz, besser gesagt einer über Theaterkritiker, und seine Pointe bezieht er aus einer doppelten Wahrheit: Manche Kritiker sind notorische Nörgler, man kann es ihnen nicht recht machen; andererseits haben sie ja vielleicht trotzdem recht – wie das Kind aus dem Märchen, als es einfach aussprach, was alle anderen auch sahen: »Der König ist nackt!«

Ein Lehrer betritt die Klasse – und sieht schon »betreten« aus. Das ist kein Witz, sondern sehr oft bitterer Ernst. Denn schon hat er den ersten Fehler gemacht – jeder im Raum spürt es. Nur welchen, weiß niemand genau. »Warum den keiner mag? Na, ist doch klar. Schon allein, wie er reinkommt, wie er geht, wie er dasteht und guckt!«

Nonverbale Wolken

An potenzieller Grausamkeit nehmen Schüler/innen und Theaterkritiker sich nichts. Was es auch sei, in beiden Fällen ist irgendetwas (oder irgendjemand) falsch gelaufen. Wie läuft der Unterricht weiter? Ein mühsamer Kampf um Ruhe, Aufmerksamkeit und die eigene Konzentration. Denn etwas ist gleich zu Beginn passiert und hat sich wie eine Unglückswolke über die Atmosphäre gelegt, die alles Kommende verfinstert.

Kehren wir zur »Betretenheit« zurück. Was Ihnen da – falls Sie diese Lehrerin oder dieser Lehrer sind – passiert ist, gehört bekanntlich in den Bereich der nonverbalen Kommunikation: Eine Botschaft hat sich unausgesprochen übermittelt und bewirkt, dass Sie nicht respektiert werden, man Ihnen nicht zuhört und Ihnen Ihren Unterricht nicht »abkauft«. Noch vor jedem gesprochenen Text entscheiden *stumme Körpersignale* über die Bedeutung Ihrer Person und dessen, was Sie tun und sagen werden.

Jedes Mal zu Beginn einer neuen Situation – auch wenn sich die betreffenden Personen kennen – ist dieser *erste Eindruck* entscheidend in dem Sinne, dass es schwierig wird, ihn durch spätere Signale und Inhalte abzuschwächen oder gar ins Gegenteil zu verkehren.

Haben Sie sich schon einmal gefragt, was in der allerersten Sekunde Ihres Unterrichts geschieht? Oder geschehen soll? Haben Sie, anders gefragt, den ersten Augenblick Ihrer Veranstaltung *inszeniert*? Oder überlassen Sie diesen dem Zufall, der Routine oder den Schüler/innen? Lassen Sie sich unbewusst inszenieren, d.h. eine Rolle zuweisen, die Sie dann entweder spielen oder mühsam wieder abzustreifen versuchen? Haben Sie sich schon einmal vor der Klasse wie jener Darsteller des »Macbeth« gefühlt, der sich eines Tages im Kostüm irrte, versehentlich als der blinde Gloster auf die Bühne kam und sprach: »So schön und hässlich sah ich nie 'nen Tag!«?

Der erste Moment einer zusammengehörenden Reihe von Lernerfahrungen, der »primacy effect«, prägt sich besonders unauslöschlich ins Gedächtnis ein. Wir haben ein dramaturgisches Gehirn: Bei jeder öffentlichen Veranstaltung gilt dem Beginn unsere ganz besondere Aufmerksamkeit. Sogar private Treffen inszenieren wir unbemerkt wie großes Theater – wir breiten die Arme aus und vergessen alles um uns herum, wenn die Geliebte uns am Bahnhof entgegenläuft; ein Hochzeitspaar schneidet die Hochzeitstorte für das Foto an und achtet nicht auf den Geschmack der Torte. Der äußere Rahmen, das Ritual, werden wichtiger als der Inhalt.

Viel Arbeit, werden Sie sagen, jedes Mal einen ersten Moment zu inszenieren. Aber auch ein Regisseur macht das nur bei der Inszenierung und den Proben. Bei allen nachfolgenden Aufführung setzen die Schauspieler diese Aufgabe dann immer neu in Szene – ein buchstäblich erprobtes Schema wird nicht als Routine abgespult, sondern immer neu angewandt. Das ist ein zentrales Merkmal von Kultur.

Wenn Sie Ihre Klasse betreten und die Anwesenden begrüßen, ist daher schon viel passiert. Nonverbale Signale haben – möglicherweise ohne und gegen Ihren Willen – dafür gesorgt, dass man nun weiß: »Er hat schlechte Laune!« oder »Sie hat Krach daheim!«. So denken nicht nur Kinder. Jeder Mensch denkt gelegentlich Dinge über andere, die wir besser für uns behalten. Wenn aber solche Gedanken Teil und Folge einer »unbewussten Inszenierung« sind, dann können wir sie durch absichtsvolle Gestaltung beeinflussen.

Der erste vorsprachliche Moment, die Initialzündung, kann in Ihrem Sinn gelingen, wenn Sie wissen, was Sie heute als erste Empfindung, als Primärwahrnehmung dieser Ihrer Unterrichtsstunde in den Köpfen der Schüler/innen erzeugen möchten – und wie Sie das herstellen können. Genau das macht ein Regisseur: Er überlegt, welchen Ersteindruck er diesmal beim Zuschauer erzeugen will. Auf diese Wirkung hin gestaltet er das erste Bild seines Films oder Theaterstücks.

Auch dieser erste Abschnitt »Initialzündung« hatte seinen ersten Moment: Der »journalistische« Einstieg mit dem Theaterwitz sollte Sie neugierig machen, den Rahmen etwas weiter stecken und somit kulturell kontextualisieren und spannungshalber von der Schulsituation wegführen, um »dramatisch« darauf zurückzukommen.

Zeichen des Wohlwollens

Selbst ein aufgesetztes Lächeln wirkt Wunder – es kommt natürlich auf die Situation an, ob man ein »gespieltes« Körpersignal einsetzen möchte oder nicht. Zumindest gibt es eine Reihe von körpersprachlichen Elementen, die recht überzeugend funktionieren.

Ein drastisches Beispiel hierfür ist eine Szene aus dem Film »24 Stunden in seiner Gewalt« mit Mickey Rourke, der als skrupelloser Killer eine ganze Familie als Geiseln in seine Gewalt bringt. Im Verlauf der sich zuspitzenden Ereignisse erschlägt er vor aller Augen und ohne ersichtlichen Grund kaltblütig einen Freund der Familie und zwingt die Mutter zu einem Telefongespräch. Sie soll, damit ihre Stimme echt und unbefangen klingt, lächeln – befiehlt er unter vorgehaltener Waffe. Die weinende und zu Tode erschreckte Frau kann es zuerst nicht. Dann, unter Todesangst, weil ihre Kinder sterben müssen, wenn sie sich verrät, erledigt sie das Telefonat und das Lächeln mit einer derart erstaunlichen Perfektion, dass ihr nicht nur die Person am anderen Ende der Leitung, sondern auch der Zuschauer glaubt – in diesem Moment sieht sie einfach glücklich und zuversichtlich aus.

Die makabre Filmszene soll unterstreichen, warum es – nicht zum Zweck der Heuchelei, sondern für eine gute Stimmung unter Menschen, die stundenlang zusammenarbeiten müssen – so wichtig sein kann, ein Lächeln auch einmal »aufzusetzen«, wo einem gar nicht so recht danach zumute ist.

Ein zweiter Grund hierfür besteht in der bekannten Tatsache, dass wir Emotionen, deren äußere Kennzeichen wir vortäuschen, oft tatsächlich zu empfinden beginnen – das ist auch der Kern des Autogenen Trainings. *Wenn Sie also in die Klasse kommen und lächeln, werden Sie ein Wunder erleben: Es ist ansteckend!* Und wer lächelt, kann nicht gleichzeitig schimpfen, dafür sorgt schon die unter Physiologen bekannte Lateralhemmung – eine neuronale Verschaltung, die immer nur einen Impuls durchlässt und seinen Gegenspieler hemmt. Man kann aus diesem Grund nicht gleichzeitig große Angst haben und sich freuen.

Ein erster Moment im Zeichen des Wohlwollens

Eine andere Möglichkeit, den richtigen Zeitpunkt zu finden, liegt in der Bereitschaft, einen Teil seiner »Geschwindigkeit« zu opfern. Man könnte eine Methode aus der Vortragstechnik anwenden und zu Beginn des Unterrichts unbewegt wie ein tibetanischer Mönch warten, bis alle ganz ruhig sind – und dann noch zehn Sekunden länger. In dieser Zeit beruhigen sich alle vom Stress der vorangegangenen Stunde, werden aufmerksam und »weich«, wie es im Theater heißt.

Vielleicht entwickelt sich im Laufe der Zeit als Eröffnungsritual eine kleine Atemübung.

Ein erster Moment der Stille – eine Meditation

Mit diesen Ritualen des ersten Moments sind zugleich die wichtigsten körpersprachlichen Botschaften angesprochen: Offenheit und Freude, Wohlwollen und Verbindlichkeit, Gelassenheit und Ruhe – in Worten würde das ungefähr so klingen:

> *»Ich freue mich, hier zu sein, und kann es euch ganz offen zeigen. Ich mag euch, so wie ihr seid. Ich möchte euch so gut wie möglich über alles in Kenntnis setzen, was euch angeht. Und ich mag mich – ich lasse mich nicht durch äußere Zwänge treiben, sondern bestimme selbst in Ruhe das Weitere, wie ich es für uns alle für richtig halte.«*

Feedback — 2.2

Die wichtigste Wachstums- und Entwicklungsmethode innerhalb der Rhetorik ist das aktive Geben und Nehmen von Rückmeldungen (Feedback). Erst durch den Reflexionsprozess von Selbst- und Fremdwahrnehmung können Menschen ihre (Kommunikations-)Wirkung auf ihr Umfeld erfahren und dabei ihr Können entwickeln.

Das grafische Schema zur Darstellung bewusster und unbewusster Persönlichkeits- und Verhaltensmerkmale der amerikanischen Sozialpsychologen Joseph Luft und Harry Ingham, das sogenannte Johari-Fenster, veranschaulicht modellhaft den »blinden Fleck« im Selbstbild jedes Menschen. Genau dort schlummert für jeden Redner ein großes Potenzial!

Johari-Fenster

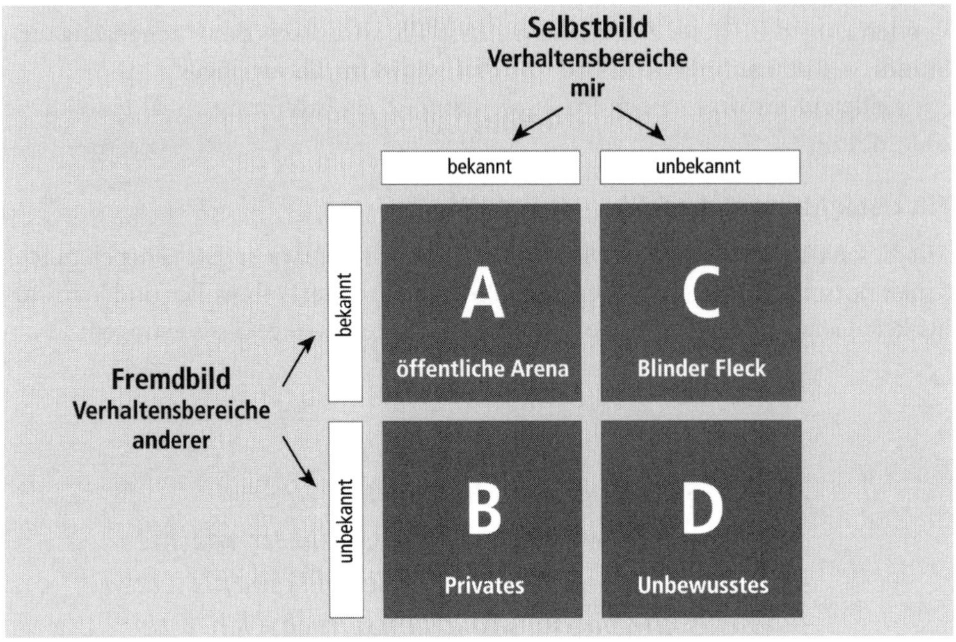

Grafik: Manuel Engler

Bereich A (öffentliche Arena)

Hier spielen sich die Dinge ab, die sowohl dem Redner als auch seinem Umfeld bekannt sind (z. B. Redner überzieht seine Redezeit, sein Publikum hat das ebenfalls registriert).

Bereich B (privater Bereich)

Alles, was wir (bewusst) verbergen und die anderen nicht wahrnehmen (z. B. ein Talisman, der uns auf Schritt und Tritt begleitet, von dem im Auditorium jedoch niemand etwas weiß).

Bereich C (blinder Fleck)

Das sind die Anteile des Verhaltens, die nur die anderen wahrnehmen, dem Redner selbst sind sie jedoch nicht bewusst (bestimmte immer wiederkehrende Füllwörter, eigenartige Körperbewegungen und Ähnliches).

Bereich D (unbewusster Bereich)

Hierin finden sich Einstellungen, die weder dem Redner noch dem Umfeld bekannt oder zugänglich sind (z. B. tief verwurzelte Glaubenssätze wie »ich muss die Redezeit mit Fakten, Fakten, Fakten füllen, damit die anderen nicht denken, ich hätte keine Ahnung« oder »längere Sprechpausen sind peinlich« und Ähnliches). Hier im Unterbewussten liegen auch manche Ursachen für extreme Redeängste abgespeichert.

Das unbewusste »D-Potenzial«

Der Bereich D kann eine Schatzkiste darstellen, denn wer in der Lage ist, behindernde und blockierende Glaubenssätze aufzuspüren, wird früher oder später in der Lage sein, solche Blockaden wirksam zu lösen.

Um dorthin zu gelangen, ist die Kooperation mit einem geschulten und passenden Berater (Coach, lebenserfahrener Ratgeber, Psychologe/Therapeut) erforderlich. Dieser Möglichkeit der Persönlichkeitsbildung haftet leider immer noch der Geruch von Bedürftigkeit bis hin zu Unvermögen und Unfähigkeit an (»Offenbar hat er/sie das nötig«). Ähnlich wie in manchen Unterrichtssituationen, in denen ein Fragesteller sich in die (vermeintliche) Gefahr bringt, als ahnungslos oder gar als »Depp« abgestempelt zu werden, impliziert das Aufsuchen eines Beraters oder Helfers eine Art mentale Bankrotterklärung.

Tatsächlich widerfährt dem Betreffenden selbst in der Regel das Gegenteil. Denn erst durch das Hinzuziehen des geschulten Blicks von außen kommt er in die Lage, auf sein verborgenes Potenzial (eine Schatzkiste!) zuzugreifen und Sachverhalte bewusst zu erkennen. Diese sind für die weitere Entwicklung »Gold wert« und eröffnen neue Möglichkeiten.

Nicht die, die nichts wissen, sind dumm, sondern die, die nicht fragen!

Wem der Mut fehlt, sich bei größeren Blockaden oder existenziellen Problemen (z. B. Schlaf- oder Essstörungen, Alkohol- oder sonstigen Abhängigkeiten, Burnout oder Ähnlichem) professionelles Feedback einzufordern, dem bleibt nichts anderes übrig, als weiterhin ein Leben (weit) unterhalb des eigenen Potenzials zu führen.

Das blinde »C-Potenzial«

Selbstvertrauen ist das Vertrauen auf sich selbst. Es hat seinen Ursprung in einem subjektiven Sicherheitsgefühl. Dieses Sicherheitsgefühl entsteht vor allem dort, wo laufend Ungewissheit beseitigt und durch Wissen ersetzt wird. Im Bereich C in Kombination mit Feedback geschieht genau das eben Beschriebene: Ein Schüler, der nach seinem Vortrag Feedback erhält, erfährt eine Verringerung seines »blinden Flecks«. Je häufiger dies geschieht, desto erfolgreicher vergrößert sich das eigene Sicherheitsgefühl, denn Stärken und Schwächen werden sicht- und dadurch annehmbar. Das erweiterte Bewusstsein des Schülers über sich selbst bedeutet: mehr Selbstbewusstsein! Hierin liegt die zentrale Bedeutung dieses Modells:

> Die Fremdwahrnehmung bzw. das Feedback nach einem Referat ermöglichen die Reduktion des »blinden Flecks«. Dies wiederum bedeutet wachsendes Selbstbewusstsein auf Schülerseite.

Leider sind *Rückmeldungen unter Lehrerkollegen* immer noch ein heikles Thema. Die Entwicklungschance, die ehrliches und konstruktives Feedback beinhaltet, wird häufig überlagert von diversen Ängsten über einen Imageschaden (Bereich D!) bis hin zu den Bedenken, einen Autoritäts- oder Ansehensverlust im

Einzelkämpfertum war gestern, Teamplay ist morgen – aber was ist heute?

Kollegium zu erleiden. Welche Lehrkraft traut sich schon, aktiv Rückmeldungen einzufordern oder beispielsweise einen Dritten zu bitten, den eigenen Unterricht zu besuchen, um anschließend Feedback zu bekommen? Wer treibt die Verbesserung der persönlichen Unterrichtsleistung bewusst und eigenverantwortlich durch Rückmeldungen voran?

Von der »One-Man-Show« zur »One-Man-Chance«, von der »One-Woman-Show« zur »One-Woman-Chance« …

Diese Ressource, das Zusammenspiel vieler (Lehr-)Kräfte durch andauernden kommunikativen Austausch, gilt es durch Kooperation fruchtbar zu machen. Die sich hieraus ergebenden Synergie-Effekte würden – nach einer Phase der Umgewöhnung und einer möglicherweise anfänglich sogar schlechteren Ausgangssituation – langfristig zu einer enormen Entlastung aller Beteiligten führen.

Das Einfordern und Austauschen von Rückmeldungen zu Referaten von Schüler/innen muss sich – genauso wie zu Lehrerbelangen in der Unterrichtsvorbereitung und -gestaltung – noch stärker etablieren. Besonders die Kooperations- und Teamfähigkeit von Lehrer/innen wird in Zukunft an Bedeutung gewinnen (→ vgl. den Beitrag von Sabine Huber, S. 103 ff.).

Die Bereiche Rhetorik und Präsentation eignen sich hervorragend, um Schüler/innen im Umgang mit aktiven und konstruktiven Rückmeldungen zu schulen.

Feedback während eines Vortrags

Gegen die landläufige Meinung, eine Rede sei in der Regel ein Monolog, steht die Erkenntnis:

> Eine gute Rede ist immer ein Dialog.

Dieser Dialog vollzieht sich fortwährend zwischen den Äußerungen des Vortragenden und den permanenten Äußerungen seiner Zuhörer. Die Äußerungen des Publikums erfolgen größtenteils nonverbal: durch die Sprache ihres Körpers. Ein guter Redner weiß:

- Gesagt bedeutet noch nicht gehört.
- Gehört bedeutet noch nicht verstanden.
- Verstanden bedeutet noch nicht einverstanden.
- Und einverstanden bedeutet noch nicht angewendet.

Schüler/innen geben im Unterricht permanent Feedback – über ihre Körpersprache.

Deshalb erkennt der geschulte Redner schon an der Mimik sofort, wenn Zuhörer Sachverhalte nicht verstehen, sich jedoch verbal nicht äußern. Ebenso signalisieren auch ansonsten engagierte Schüler/innen, wenn die Aufmerksamkeit gegen Null geht. Dies muss nicht zwingend durch einen steigenden Lärmpegel der Fall sein, sondern ist schon an der »entspannten« Körperhaltung abzulesen.

Feedback nach einem Vortrag

Der selbst beim Entgegennehmen von äußerst konstruktiver Kritik häufig einsetzende Rechtfertigungs-Automatismus zeigt, wie schwierig viele Menschen sich tun, Feedback zunächst wertfrei anzunehmen.

Jedes Feedback ist zunächst ein Angebot.

Es beinhaltet die Möglichkeit, die eigene Leistung zu reflektieren und anschließend zu entscheiden, ob das »Angebot von außen« zur Verbesserung der persönlichen Leistung beitragen kann.

Daher sollte bei Rückmeldungen im Unterricht ausdrücklich darauf aufmerksam gemacht werden, wenn sich ein Redner nach seinem Vortrag während der Feedback-Runde unbewusst in eine Rechtfertigungs- oder Verteidigungsposition begibt. Das Ziel für alle Feedback-Nehmer lautet: Jede Rückmeldung unkommentiert lassen! Verständnisfragen sind natürlich immer erlaubt und wichtig, gegebenenfalls nachfragen: »Wie meinst Du das?«. Langfristig wird es darüber hinaus auch Zeit, sich für Feedback zu bedanken.

Die Feedback-Regeln (→ S. 36)

35 KV 10: Feedback-Regeln

36 KV 11: Feedback-Bogen

Grundsätzlich gilt: Jeder Zuhörer und jede Zuhörerin empfindet anders. Aussagen wie »Du hast zu laut gesprochen« oder »Du hattest einen super Blickkontakt« sind deshalb problematisch und nicht zielführend. Warum?

Hier wird ein subjektiver Eindruck verallgemeinert. Entscheidend wäre aber z.B. in puncto Lautstärke, durch die Frage an alle im Klassenzimmer »Wem war der Vortrag zu laut?« einen Mittelwert in Erfahrung zu bringen. Fanden beispielsweise fünf von 25 Schüler/innen den Vortrag zu laut gesprochen, dann kann der Redner entscheiden, wie stark er diese Rückmeldung gewichtet.

Hilfestellung zur Selbst- oder Fremdreflexion

Um sich selbst hin und wieder während oder nach Vortrags- bzw. Unterrichtssituationen bewusst zu reflektieren, helfen folgende Fragen:

- Wie hoch ist mein Sprechtempo? Hat es sich während des Vortrags erhöht?
- Wie ist meine Stimmlage? Gab es vielleicht zwischenzeitlich kleine Ausschläge nach oben oder kleine Überschläge der Stimme?
- Wie viele bewusste Pausen von zwei bis drei Sekunden werden gemacht? Wird »in einem durch« geredet?
- Wird dem Humor genügend Raum eingeräumt, damit Leichtigkeit entstehen und sich Lernfreude im Klassenzimmer entfalten kann?
- Werde ich hin und wieder heiser?

Feedback nach dem Pareto-Prinzip (20:80)

Der italienische Soziologe und Ökonom Vilfredo Pareto (1848–1923) stieß im Laufe seiner Untersuchungen über das Volksvermögen Italiens auf folgenden interessanten Umstand: Ungefähr 20 Prozent der italienischen Familien besitzen 80 Prozent des Volksvermögens. Hieraus leitet sich das »Pareto-Prinzip«, die sogenannte 20:80-Regel ab, wonach beispielsweise

- 20 Prozent der Kunden 80 Prozent des Umsatzes bringen,
- 20 Prozent meines Wissens 80 Prozent meiner Zuhörer überzeugen (unter Umständen interessieren die restlichen 80 Prozent der Inhalte die übrigen 20 Prozent der Zuhörer überhaupt nicht mehr).

Des Weiteren könnte man ableiten bzw. die Frage stellen, ob

- 20 Prozent der Schüler/innen 80 Prozent der Top-Noten schreiben,
- 20 Prozent der Schüler/innen 80 Prozent der Fehlzeiten verursachen,
- 20 Prozent der Lehrer/innen von 80 Prozent der Schüler/innen gemocht und gelobt werden.

Warum sind Paretos Annahmen so interessant für unser Methoden-Magazin? Weil sie unsere Erfahrung stützen, dass Schüler/innen und Lehrer/innen *durch Veränderung von 20 Prozent ihres Kommunikationsverhaltens die eigene Wirkung um 80 Prozent steigern können*!

Herauszufinden, welche 20 Prozent dies sind, ist ein spannender und oftmals sehr einfacher Weg. Die Umsetzung kann zügig erfolgen, kostet aber auch Zeit und braucht Geduld und Übung. In jedem Fall wird es aber ein Wachstumsprozess, der sich für Schüler/innen und Lehrer/innen lohnt.

Am schnellsten geht es sicherlich, wenn Sie Feedback einholen und sich trauen, die Unterstützung eines Experten in Anspruch zu nehmen (z. B. einmal einen Kommunikationstrainer einladen).

Als langfristiges Ziel sollten Sie irgendwann in der Lage sein, das Pareto-Potenzial Ihrer Schüler/innen zu erkennen und ihnen dieses aufzuzeigen. Das Schöne daran: Sie selbst werden in dieser Zeit große Fortschritte in Ihrem Persönlichkeitswachstum verzeichnen.

Rhetorik lehren bedeutet gleichzeitig: von den Schüler/innen lernen!

Konstruktives Feedback bedeutet eine Lernchance für alle Beteiligten: *Nicht nur derjenige, der das Feedback einfordert, lernt hinzu, sondern auch der Feedback-Geber profitiert.* Vergleichbar ist dies mit dem Prinzip der Nachhilfe, in deren Verlauf der »Nachhelfende«, obwohl er die Thematik beherrscht, oftmals weitere zusätzliche Erkenntnisgewinne verbuchen kann – Lernen durch Lehren.

2.3 Die Sach- und die Beziehungsebene

Der Lehrerberuf ist ein Beziehungsberuf!

Ein guter Lehrer zu sein bedeutet nicht, möglichst viel Fachwissen zu besitzen. Es kommt darauf an, ein Experte in der Beziehung zu seinen Schüler/innen mit zusätzlichem Fachwissen zu sein! Untermauert wird diese Erkenntnis durch das

Kommunikationsmodell der Sach- und Beziehungsebene nach Beatson/Watzlawick (vgl. Birkenbihl 2007):

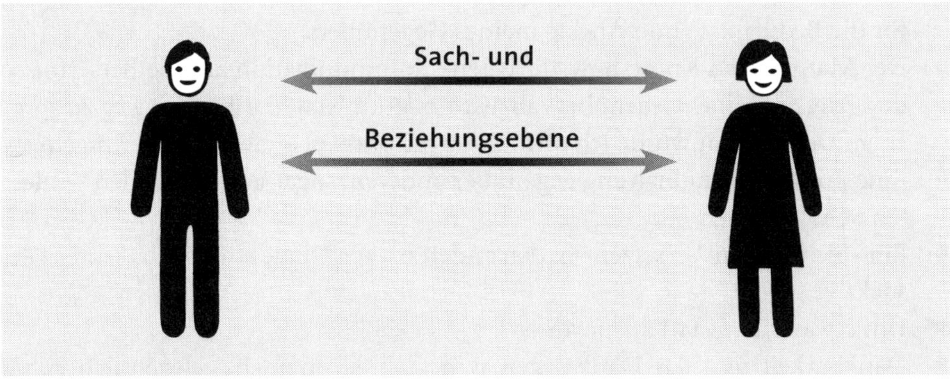

Kommunikation findet immer auf (mindestens) zwei Ebenen statt.

Diese sind die *Sachebene* (bewusste Kommunikation von Inhalten, Austausch von Argumenten ...) und die *Beziehungsebene* (meist nicht ganz so bewusste Gefühlsebene, die die »Wellenlänge« beider Gesprächspartner zur Grundlage hat).

Dabei entscheidet die Beziehungsebene darüber, wie wohlgesonnen Ihnen Ihr Gegenüber bzw. Gesprächspartner auf der Sachebene ist. Solange auf der Beziehungsebene Störungen vorliegen (Misstrauen, Ängste, Antipathie, Ärger ...), ist es schwer bis unmöglich, auf der Sachebene erfolgreich Informationen zu vermitteln oder auszutauschen.

ACHTUNG

- Da in der Schule klare Abhängigkeiten und Restriktionsmöglichkeiten herrschen, können Störungen auf der Beziehungsebene zeitweise z.B. durch entsprechenden Notendruck überdeckt werden.

EIN BEISPIEL

- Wenn Sie eine freiwillige Hausaufgabe aufgeben, die Sie mit Argumenten stützen (Sachebene: klarer Lernvorteil für diejenigen, die die Fleißaufgabe erledigen), können Sie in der Regel beobachten, dass diese tendenziell von denjenigen tatsächlich gemacht wird, die mit Ihnen auf der Beziehungsebene auf einen Nenner kommen. Zugleich ist hier Vorsicht geboten, denn der Umkehrschluss – alle, die die Fleißaufgabe gemacht haben, mögen mich besonders gern – trifft höchstens zufällig zu.

Diese Erkenntnis betrifft die gesamten Spielregeln innerhalb der Kommunikation: Kommunikation kann nicht an absoluten oder logischen Maßstäben gemessen werden, wohl aber an dem Ursache-Wirkungs-Gesetz allen menschlichen Zusammenlebens.

Was macht uns auf der Beziehungsebene erfolgreich?

- Ein Bewusstsein für unsere eigenen Bedürfnisse und Ängste und das Feeling für die Bedürfnisse und Ängste meines Gegenübers.
- Der Mut und das Know-how, die eigene Kommunikation auf die Bedürfnisse und Ängste meines Gegenübers abzustimmen, anstatt darüber hinweg zu sprechen. Denn damit würde ich oftmals ungewollt den anderen niederbügeln.
- Eine positive Grundhaltung gegenüber anderen, sogar gegenüber den wildesten Schüler/innen.
- Ein »Sich-hinein-Versetzen« in den anderen – die Dinge einmal aus seiner Perspektive sehen!
- Um etwas bitten statt anzuordnen.
- Dankbarkeit und das Dankesagen und auch so meinen, gelegentlich ruhig auch mal bei lapidaren Anlässen. (Dankbarkeit ist ein sehr wichtiger Wert im menschlichen Zusammenleben. Dankbarkeit verhindert Hochmut und Stolz, schafft dafür Freude, Vertrauen und Anerkennung.)
- Nachfragen bzw. das Gehörte mit eigenen Worten zusammenfassen und zum Zweck des Abgleichs wiederholen.

Übungen zur Sach- und Beziehungsebene

KV 12: Gedankentausch 37

Gedankentausch (→ S. 37)

Die Fragekärtchen sprechen Wunschvorstellungen und Empfindungen an. Die Gedanken darüber sollen untereinander ausgetauscht werden.

Eine Kopie der Vorlage ergibt Kärtchen für neun Schüler/innen. Schneiden Sie die erforderlichen Kärtchen nach dem Kopieren aus. Die Anzahl der Rechtecke, Quadrate und Dreiecke sollte ungefähr gleich sein. Jeder Schüler bekommt ein Kärtchen und sucht sich einen Partner bzw. eine Partnerin: Dreieck sucht Rechteck oder Quadrat. Die beiden stellen sich wechselseitig ihre Fragen und tauschen die Kärtchen. Nach diesem ersten Gedankenaustausch sucht sich jeder Schüler einen anderen Partner mit der dritten Kärtchenform.

Variante: Drei Schüler/innen mit den verschiedenen Kärtchenformen finden sich zu einem Gesprächs-Trio.

KV 13: Fehlermarktplatz 38

Fehlermarktplatz (→ S. 38)

Nach dem gleichen Verfahren wie beim Gedankentausch kann der Fehlermarktplatz vorbereitet werden: Wie gehen wir mit Fehlern um? Welche Fehler versuchen wir zu verstecken, welche können wir zugeben? Über welche können wir lachen? Können wir auch über die eigenen Fehler lachen? Es ist sicher Ausdruck eines guten Lernklimas, in geeigneter Weise über Fehler sprechen zu können.

Wenn die Zettel verteilt sind, sollen die Schüler/innen genügend Zeit bekommen, einen Fehler zu finden, der ihnen schon einmal unterlaufen ist und den sie auch bereit sind zu erzählen. Dazu notieren sie ein Stichwort auf ihren Zettel und gehen auf den Marktplatz, wo sie ihren »Fehler« loswerden und einen neuen dafür finden.

10 Feedback-Regeln

Feedback

Im Umgang mit Menschen ist es wichtig zu erfahren, ob uns unser Gegenüber so verstanden hat, wie wir es gemeint haben. Wir möchten auch wissen, wie wir wahrgenommen werden. Mittels Feedback melden wir dem Gesprächspartner, was wir verstanden und wahrgenommen haben.

INFO

Der Begriff »Feedback« stammt aus der Kybernetik und bedeutet »Rückkopplung«. Feedback ist eines der wichtigsten Hilfsmittel, dem anderen sachliche Hinweise zu seinem Leistungsstand oder Verhalten zu geben.

Die eigene Wahrnehmung stimmt mit der Fremdwahrnehmung nie völlig überein. Feedback hilft uns, unsere »blinden Flecken« zu erkennen. Das sind jene Flecken, die uns nicht bewusst sind, jedoch von den anderen registriert werden.

Feedback-Regeln

Geben von Feedback
Das Gegenüber wissen lassen, welche Reaktionen und Empfindungen sein Verhalten ausgelöst hat
Die eigenen Gefühle als Ich-Botschaften artikulieren (»Es hat mich geärgert, dass ...«)
Beobachtungen konkret benennen, Verhalten genau beschreiben
Nur Feedback zu veränderbaren Verhaltensweisen äußern
Auf Wertungen und Verurteilungen verzichten
Direktes Feedback geben (persönlich, die Person direkt ansprechen)
Keine globalen, verallgemeinernden Abrechnungen!
Die passende Situation wählen (Ort und Zeit). Der Feedbackempfänger soll das Gesicht nicht verlieren.
Positives in Form von Anerkennung ebenfalls nennen (positives Verstärken)

Empfangen von Feedback
Zuhören, Feedback anhören, entgegennehmen – schweigen
Kein Rechtfertigen, keine Begründungen
Höchstens nachfragen, wenn etwas nicht verstanden wurde
Denkpause einlegen
Für das offene Feedback danken
Selbst entscheiden, was man beibehalten, was man verändern oder weiter beobachten möchte
Dem Feedback-Geber sagen, was das Feedback bewirkt hat

11 Feedback-Bogen

Thema:	
Datum:	

Einleitung	Hinführung zum Thema: ______ Einordnung des Themas für Zuhörer ersichtlich? ______ Übersicht über Aufbau gegeben? ______
Körpersprache	Körperhaltung ❑ zu unruhig ❑ gut ❑ zu statisch Blickkontakt mit Zuhörern ❑ zu hektisch ❑ gut ❑ zu wenig Gestik ❑ zu viel ❑ gut ❑ zu wenig Wie hat die äußere Erscheinung allgemein gewirkt? ______
Einsatz von Präsentationsmitteln	Was wurde eingesetzt? ❑ Tafel ❑ Folien ❑ Flipchart ❑ sonstiges ❑ Fotos/Bilder ❑ Plakate Wie sinnvoll wurden die Mittel eingesetzt? ______
Sprechtechnik	Sprechpausen ❑ genügend ❑ ungenügend Sprechtempo zu langsam – gut – zu schnell Lautstärke zu laut – gut – zu leise
Hauptteil	Wie war die Struktur? ______ Wurden die zentralen Punkte erfasst? ______ War das Referat verständlich formuliert? ______ Wie war das Zeitmanagement? ______
Schluss	Wurden die Erkenntnisse sinnvoll zusammengefasst? ______ Wurde das Thema abgerundet? ______ Wurde ein Ausblick gegeben? ______
Leitung der Diskussion	ja nein Raum für Diskussion geblieben (Zeiteinteilung/-planung)? ❑ ❑ Inhaltlich gute Grundlage für Diskussion geschaffen? ❑ ❑ Diskussion gut geleitet? ❑ ❑

Anmerkungen

12 Gedankentausch

Über Nacht ist ein Wunder geschehen: Aus deiner Schule ist eine Traumschule geworden! Woran erkennst du das, wenn du am nächsten Morgen in die Schule kommst?

Was nervt dich am meisten, wenn du an Klassenarbeiten denkst?

Was kannst du besonders gut, worauf du stolz sein kannst?

Welches Unterrichtsfach würdest du am liebsten abschaffen? Warum?

Du hast überhaupt keine Lust zum Lernen und würdest am liebsten alles in die Ecke schmeißen. Hast du einen Tipp, wie du es dann trotzdem schaffst?

Was würdest du gern viel besser können, als du es kannst?

Was ist dein Lieblingsfach und was findest du so toll daran?

Stell dir vor, du bist Kultusminister/in und könntest neue »Richtlinien für Hausaufgaben« erlassen. Was wären deine wichtigsten Punkte?

Wann hat dir das Lernen mal so richtig Spaß gemacht?

13 Fehlermarktplatz

Das ist mir mal passiert –
ein richtig blöder Fehler:

Das habe ich mal
kaputt gemacht –
und es war auch noch
meine Schuld:

Das
habe ich mir
mal gekauft –
es war der größte Reinfall:

Das habe ich mal
kaputt gemacht –
und es war auch noch
meine Schuld:

Das ist mir mal passiert –
ein richtig blöder Fehler:

Das
habe ich mir
mal gekauft –
es war der größte Reinfall:

Das habe ich mal
kaputt gemacht –
und es war auch noch
meine Schuld:

Das ist mir mal passiert –
ein richtig blöder Fehler:

Das
habe ich mir
mal gekauft –
es war der größte Reinfall:

Rhetorik und Körpersprache im Unterricht

Videotraining auf DVD

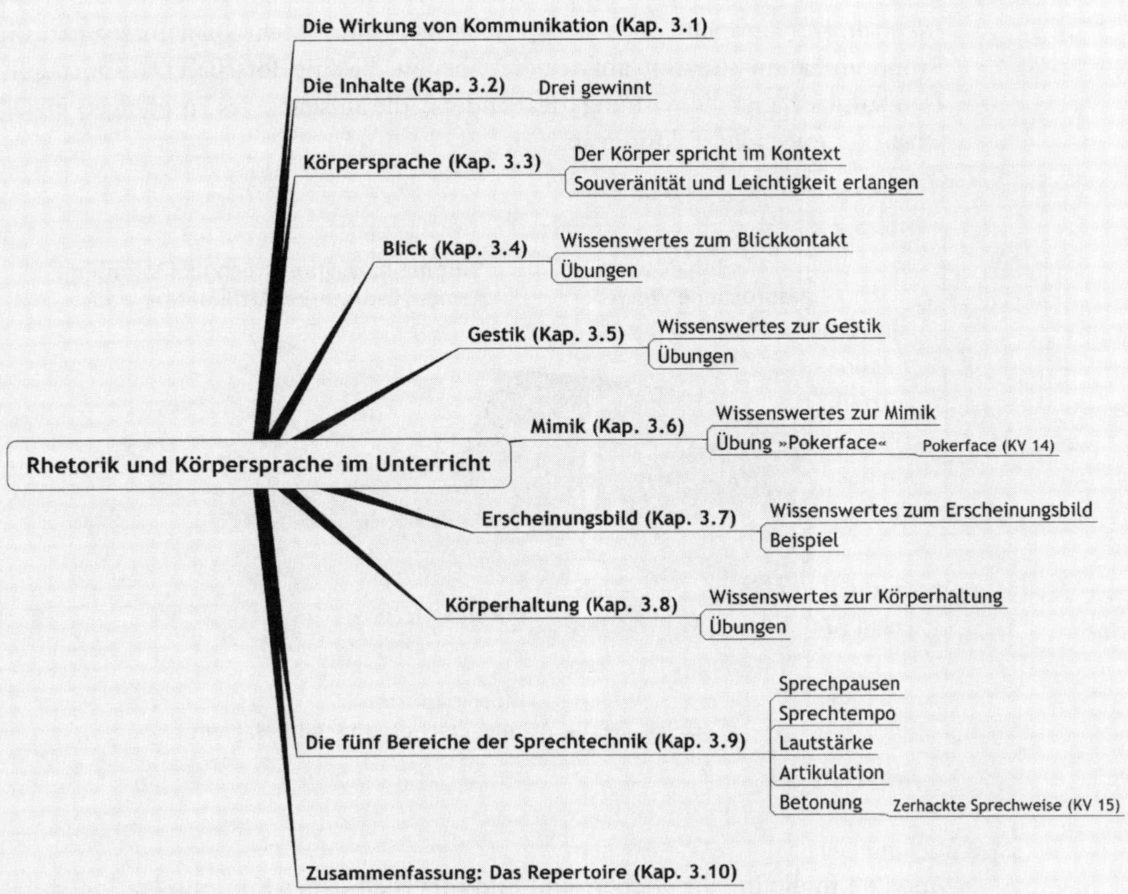

Der Überblick über die *zehn Bereiche unseres körpersprachlichen und stimmlichen Repertoires* soll helfen, unser rhetorisches Potenzial im Schulalltag kurz-, mittel- und langfristig ausbauen zu können. Voraussetzung ist das bewusste Erkennen und schrittweise Anwenden der Möglichkeiten. In der Kommunikation sind diese Möglichkeiten wesentlich umfassender, als die meisten Menschen auf den ersten Blick vermuten.

Kommunikation wird oft wie ein Fahrrad mit einer 10-Gang-Schaltung betrieben – es werden immer nur die gleichen zwei oder drei Gänge benutzt.

Auf der → DVD finden Sie Trainingssequenzen, die Sie einzeln ansteuern können, um für sich privat zu üben oder einzelne Szenen im Unterricht vorzuführen.

3.1 Die Wirkung von Kommunikation

Unter dem Titel »Silent Messages« veröffentlichte der amerikanische Psychologe Albert Mehrabian Forschungsergebnisse zur Wirkung nonverbaler Kommunikation:[1] *Wenn die drei Bereiche Körpersprache, Sprechtechnik und Inhalt nicht übereinstimmen, geht die inhaltliche Botschaft weitgehend unter.* Mehrabian untersuchte die Kommunikationssituation auf den drei Ebenen, die eine Botschaft transportieren. Demzufolge hängt die Wirkung (des Senders), die aufseiten des Empfängers erzielt wird, von folgenden Faktoren ab:

1 vgl. Literaturverzeichnis, Kurzinfo unter: http://emw.fh-potsdam.de/Users/itdm/knicol/Websites/mehrabian.html

»Ich behaupte, dass eine mittelmäßige Rede unter der Gewalt eines Vortrages mehr Eindruck macht als die vollendete, bei der der Vortrag mangelt.«
Quintilian

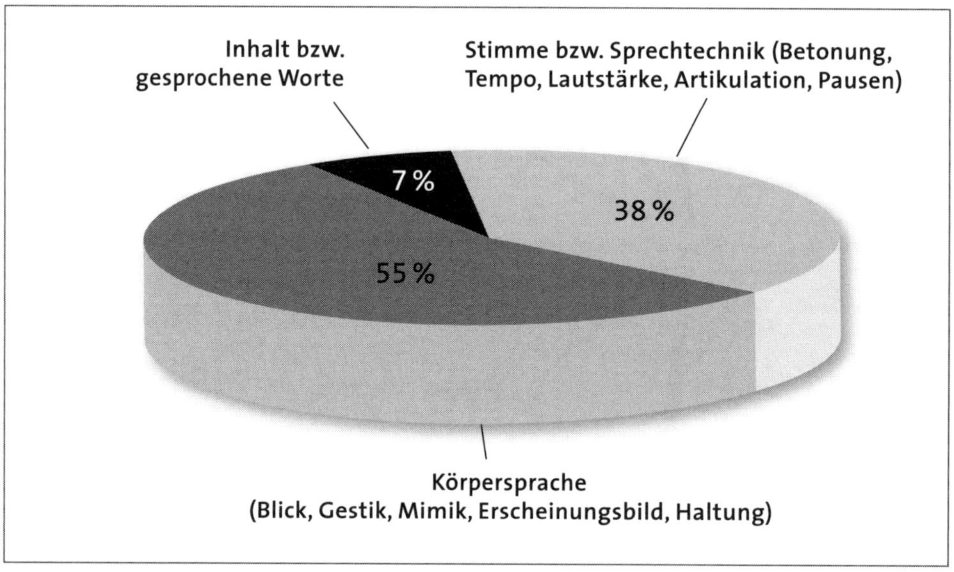

Auch wenn die Inhalte wichtig sind und innerhalb einer Kommunikationssituation die Grundlage bilden, so gilt für den überwiegenden Teil unserer zwischenmenschlichen Kommunikation:

Es kommt natürlich darauf an, *was* gesagt wird.
Entscheidend aber ist, *wie* es gesagt wird!

Dem widerspricht nicht, dass der Inhalt eines Sachverhalts auch ohne Rücksicht auf die Form wirksam vermittelt werden kann. Für gute Referate und erfolgreiche Präsentationen brauchen wir aber neben ausgewählten (!) Fakten vor allem eine Kommunikationskompetenz in den Bereichen *Körpersprache* (nonverbal) und *Sprechtechnik* (paraverbal).

Hier gilt es, sein persönliches Repertoire zu beleuchten. Schließlich beeinflussen allein Körpersprache und Stimme unser Gegenüber oder unsere Zuhörerschaft zu rund 90 Prozent. Wir legen hierfür eine Dreiteilung unseres Möglichkeiten-Repertoires zugrunde: Inhalte, Körpersprache und Sprechtechnik. Folglich haben wir neben den Inhalten, die eine Art Basis in der Kommunikation bilden, jeweils fünf non- und paraverbale Bereiche, in denen wir punkten können – das oben genannte Repertoire.[2]

2 Die *Proxemik*, bestehend aus dem Distanzverhalten, der Körperorientierung und der Bewegung im Raum, ist unter dem Bereich Körperhaltung (S. 51 f.) zusammengefasst. Die paraverbalen Bereiche *Atmung und Prosodie* werden im Kapitel »Stimm-fit« von Ruth Seebauer ausführlich behandelt (S. 62 ff.).

Die Inhalte

3.2

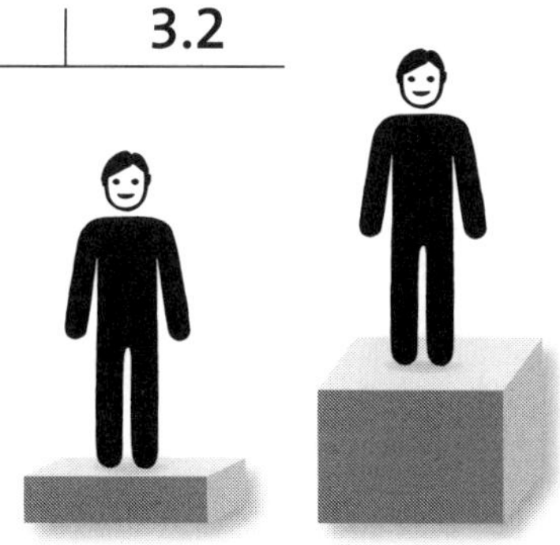

Die Kommunikationstrainerin Vera F. Birkenbihl schuf das Bild der »Wissensplattform«: Je mehr Wissen oder Inhalte ein Redner besitzt, desto größer ist seine Basis – seine Plattform –, auf der er sich bewegen kann. Das bedeutet aber auch: Je größer dieser Bereich, desto leichter kann sich ein Redner verlaufen oder darin verlieren!

Drei gewinnt

Maximal drei Hauptpunkte pro Vortrag!

Viele Schüler/innen scheitern an der Fülle der Fakten! Hand in Hand geht damit oft eine Fakten-Fixiertheit, die den Zuhörern keinerlei eigene Frei- oder Erfahrungsräume lässt: Häufig wollen Schüler/innen mehr loswerden, als ihre Mitschüler/innen innerhalb der begrenzten Zeit aufnehmen bzw. verarbeiten können (→ Referatsvorbereitung, S. 90 und 119).

Aus inhaltlicher Sicht ist das Ziel eines guten Referats, drei wesentliche Punkte oder Felder herauszugreifen und das Thema anhand dieser drei (oder maximal vier) Hauptpunkte darzustellen. Auch wer auf den ersten Blick das Gefühl hat, das eigene Thema erfordere deutlich mehr als drei Hauptpunkte – die Erfahrung zeigt: Weniger ist mehr! Die Reduzierung auf drei Punkte hilft, das Thema zu strukturieren und es dadurch übersichtlich und »knackig« zu halten.[3]

3 Die Dramaturgie und Strukturierung der Inhalte wird im Kapitel »Die Rede« (S. 89 ff.) behandelt.

Tipp

Zuhörer, die nicht mitschreiben, können sich in der Regel nicht mehr als drei Hauptpunkte merken.

Beispiele

- *Die Fotofunktion beim Handy*
  1. Das Besondere an der Handykamera (Fotoapparat, Fotos per MMS)
  2. Tastenfunktion erklären (Symbole vorstellen)
  3. Schrittfolge zum Aufnehmen von Fotos
- *Abo-Vertrag für Jugendzeitschrift*
  1. Vorteile des Abos (Gratisheft, Geschenk, Preisvorteil, regelmäßige Lieferung)
  2. Nachteile des Abos (Verpflichtung, mit Lesen nicht nachkommen)
  3. Entscheidung (Empfehlung abgeben)

- *Vom Umgang mit Sachtexten*
  1. Lesetechnik (überfliegen, Vorwissen aktivieren, Fragen stellen)
  2. Notiztechnik (markieren, unterstreichen, Randnotizen)
  3. Prioritätenliste (gründlich lesen, auswählen, Stichwortzettel)

3.3 Körpersprache

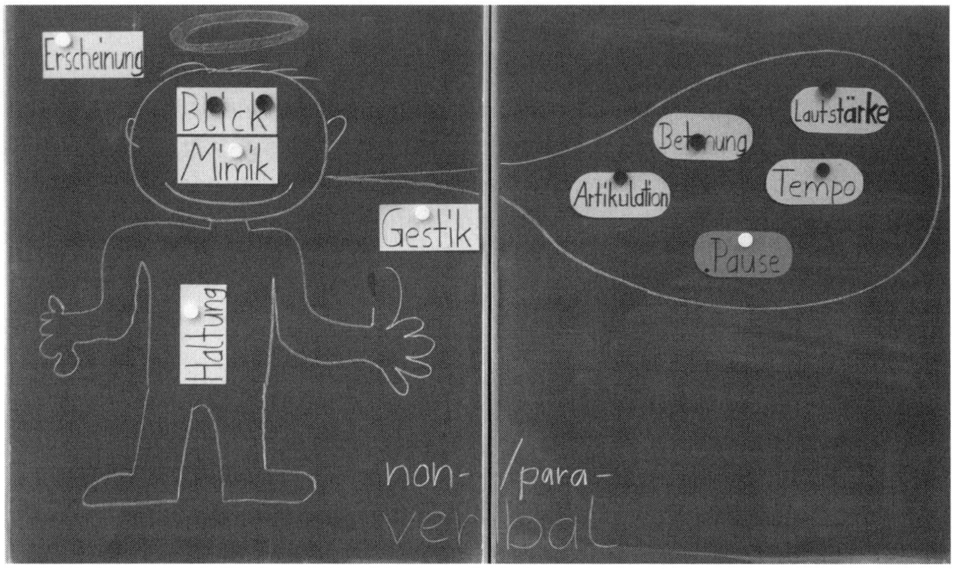

Der Körper spricht im Kontext

Körpersprache verstehen bedeutet, den Körper im Kontext sehen!

Viele Körpersignale haben weltweit den gleichen Bedeutungsinhalt. Entscheidend ist das Zusammenspiel aus den vielen einzelnen Körpersignalen. Ohne Berücksichtigung der Situation »drumherum« bzw. des Kontextes ist es jedoch nur bedingt möglich, deren Aussage stimmig zu erfassen.

Alle, die sich mit Körpersprache befassen, sollten vor Augen haben, dass beispielsweise Menschen, die sich freuen, dies durch Lächeln oder Lachen ausdrücken. Jedoch freuen sich nicht alle Menschen, die lächeln oder lachen! Denn oft geschieht dies nur aus Verlegenheit, Unsicherheit oder vielleicht Berechnung. Deshalb sollte man darauf achten, Körpersignale nicht isoliert, sondern im Zusammenspiel mit der Kommunikationssituation zu betrachten.

Souveränität mit Leichtigkeit erlangen

Wir kommunizieren mit der Sprache unseres Körpers in der Regel unbewusst – mit Ausnahme natürlich der Gebärdensprache. Das soll und darf so bleiben. Wir sollen und dürfen uns hierin aber auch stetig verbessern. Die Verbesserung der eigenen körperlichen – und damit gesamten – Kommunikationsfähigkeit, erfolgt durch

- schrittweises Bewusstmachen des eigenen Verhaltens (z. B. über Feedback, → S. 27 ff.),
- das Auflösen unbewusster hemmender Glaubenssätze (z. B. »Bei ernsten Themen ist ein freundliches Lächeln bzw. Humor unangebracht«, »Wenn ich möglichst ruhig stehe, merkt keiner meine Unsicherheit« oder »Sobald ich mich nicht an etwas Großem festhalte, zittern meine Hände«).

Ein Beispiel: Viele Redner denken, sich beim Vortrag souverän geben zu müssen und nicht in die Karten schauen lassen zu dürfen. Ihr Gesichtsspiel ist deshalb vornehmlich ernst bzw. eindimensional – sie zeigen wenig Emotionen. Dem Zuhörer bleibt nichts anderes übrig, als diesem Beispiel zu folgen.

Souveränität hat nichts mit Ernsthaftigkeit und Angestrengtheit zu tun!

Wer seine Körpersprache entwickeln will, darf sich getrost von der Angst lösen, er dürfe keine »falschen« Bewegungen machen. Stattdessen sollte sich jeder mit Freude und Leichtigkeit ins bewusste Ausprobieren stürzen. Damit ist aber nicht das Üben vor dem Spiegel gemeint. Davon ist sogar abzuraten, denn zu groß ist dort die Gefahr, eine Rolle einüben zu wollen anstatt authentisch zu bleiben. Mit »bewusstem Ausprobieren« ist gemeint, sich beispielsweise während des Vortrags daran zu erinnern, ein freundliches Lächeln zu verschenken, die Hände in den positiven Bereich zu holen oder sich kurz die eigene Körperhaltung bewusst zu machen. Wie dies funktioniert, wird im Kapitel »Stichwortzettel« erläutert (→ S. 91 ff.).

Jede rhetorische Entwicklung darf und soll auf der Grundlage spielerischen Ausprobierens erfolgen. Nicht das Ziel ist entscheidend, sondern der »redefreudige« Weg, der zum Ziel führt. Die Rückmeldungen meiner Mitmenschen können hierbei gute Wegweiser sein. Sie helfen, das eigene Verhalten wahrzunehmen und gleichzeitig die Wirkung auf andere zu erfahren.

Blick — 3.4

Der Blick eines Redners ist ein gewaltiges Werkzeug. Noch bevor der Vortrag begonnen hat, besteht die Chance, allein durch den Blickkontakt die Aufmerksamkeit im Klassenzimmer auf eine einzige Person zu lenken – entweder auf sich selbst oder den Schwätzer in der letzten Reihe!

Rund 80 Prozent unserer Wahrnehmung erfolgen über die Augen. Somit stellt der Blickkontakt eine Art »Brücke zum Zuhörer« dar. Wenn diese Verbindung abbricht, wird der Austausch von Informationen schwierig. Hierzu muss natürlich nicht ständig jeder angeschaut werden. Es genügt, wenn die Zuhörer das Gefühl haben, sich grundsätzlich in (Blick-)Kontakt mit dem Referierenden zu befinden.

Wissenswertes zum Blickkontakt – ein Über-Blick

Mindestdauer: 1 Sekunde

Ansonsten wirkt der Blick flüchtig und der Angeschaute fühlt sich in der Regel nicht ernsthaft »kontaktiert«.

Maximaldauer: 3 Sekunden

Ansonsten wird der Blick schnell zum Anstarren, was Unbehagen oder latente Aggressivität hervorrufen kann.

Methode »Stop and go«

Ich verharre für rund eine Sekunde mit meinem Blick (»stop«), dann gehe ich weiter zum nächsten Zuhörer (»go«). Was für Lehrer/innen oft selbstverständlich erscheint, kann für Schüler/innen ein wertvoller Tipp bzw. eine hilfreiche Gedankenstütze bei der Verbesserung ihres Blickkontaktes sein.

Die »Ränder« mit einbeziehen

Damit niemand aus dem Blickkontakt herausfällt, sind vor allem die Personen am linken und rechten Rand bewusst mit in den Blickkontakt einzubeziehen. Dadurch wird die Publikumsmitte oftmals automatisch mit einbezogen und gleichzeitig das »Wegbrechen der Ränder« verhindert, da die Aufmerksamkeit an den Randpositionen erhalten bleibt.

Der »Blick in die Sonne«

Der Tipp, sich visuell nicht an die Zuhörer zu klammern, die durch ihren Gesichtsausdruck schlechte Laune, Ablehnung oder Desinteresse signalisieren, kann für Schüler/innen eine große Hilfe sein. Sinnvoller ist es, den eigenen Blick immer wieder auf diejenigen zu richten, die mir als Redner wohlgesonnen sind und in deren Gesicht die Sonne scheint.

Übungen

»Big Eye is watching you«

Die sinnvollste Übung zur Verbesserung des Blickkontaktes mit den Zuhörern ist das bewusste »Zuhörer-Anschauen« während der Rede. Weil dies in der Aufregung/Anspannung oft vergessen wird, sollte sich jeder Schüler auf seinen Stichwortzetteln entsprechende Symbole eintragen (z.B. ein Auge oder einen Smiley mit einem Pfeil, der aus dem Auge zeigt).

»Mit/ohne Blick« vortragen (→ DVD)

Es wird ein Text auf zwei verschiedene Arten vorgetragen: zuerst ohne Blickkontakt, dann mit Blickkontakt.

Paarübung I

Die Schüler/innen stehen sich paarweise (A + B) mit Stichwortzetteln im Raum verteilt gegenüber. Jeder hat für sich zuvor einige Stichworte zu einem Thema seiner Wahl gesammelt, über das er eine Minute reden kann. Während B nur zuhört, beginnt A mit seinen Ausführungen. Dabei darf A nur seinen Stichwortzettel an- oder aber B in die Augen schauen.

Nach einer Minute können sich beide austauschen: Wie hat der Vortrag beim Blick in die Augen und wie beim Blick auf den Zettel auf beide gewirkt?

Paarübung II

Die Schüler/innen stehen sich paarweise im Raum verteilt gegenüber. Abwechselnd halten sie eine Rede (ca. 30 Sekunden) mit geschlossenen Augen.

LERNCHANCE

➤ Ein Bewusstsein für die Kraft des (Augen-)Blicks bekommen. Schrittweise eine Wahrnehmung für den Dialog mit den Zuhörern entwickeln, denn diese sprechen Bände mit ihrem Körper, während wir die Rede halten.

Zuhörer geben uns ununterbrochen Feedback. Möglicherweise signalisieren sie uns z. B. über

- ihren *Blick*, ob sie gerade aufmerksam bzw. aufnahmefähig und -willig sind,
- ihre *Mimik*, ob sie uns folgen können und die Inhalte verstehen,
- ihre *Körperhaltung*, ob sie müde oder munter sind.

Diese Rückmeldung kann nur ankommen, wenn der Redner sich im tatsächlichen *Blickkontakt* mit seinen Zuhörern befindet. Dies bezieht sich nicht auf die Quantität, sondern ausschließlich auf die Qualität des Blickkontaktes.

Viele Reden werden vorgetragen, ohne dass der Redner mit oder zu seinem Publikum spricht. Vielmehr reden viele Redner monologartig für sich – was am überwiegenden Blick zu Boden, auf dem Manuskript haftend oder über den Köpfen der Zuhörer schwebend deutlich wird.

Wer über die Zuhörer hinwegsieht, redet meist auch über ihre Köpfe hinweg.

Die gute Rede ist immer ein Dialog mit den Zuhörern und niemals ein Monolog des Redners!

Gestik 3.5

Unter Gestik versteht man die Bildsprache der Hände. Als Gestik kann auch das Zusammenspiel von Ober- und Unterarmen, Händen und Fingern sowie der Abstand der Arme zum Körper bezeichnet werden. Diese Differenzierung ist in unserem Zusammenhang jedoch nicht relevant.

Die Hände des Redners sollen das Gesagte unterstützen, indem sie dem Gegenüber die Übersetzung der Sprache in Bilder erleichtern. Hierzu brauchen die Hände Frei- und Spielraum.

Der Angewohnheit vieler Schüler/innen, sich an etwas festzuhalten, kommt ein Stichwortzettel (nicht größer als DIN A5; → S. 91 ff.) entgegen. Er kann wahre Wunder wirken, denn er hilft, die Hände im *positiven Bereich*, d.h. oberhalb der Gürtellinie zu halten, und erlaubt dennoch das dauerhafte Lösen einer der beiden Hände, um Gesten auszuführen.

Welches ist Ihre Eloquenz-Hand?

In der Regel hat jeder Mensch eine bevorzugte »Rede-« oder »Eloquenz-Hand«, die Gesten lebhafter und mit größerer Leichtigkeit ausführt als die andere. Welche Hand das ist, zeigt sich, wenn man beim Üben bewusst darauf achtet, welche Hand in Bewegung einem mehr liegt als die andere.

Wissenswertes zur Gestik

Offenheit der Hand

Handflächen, die möglichst oft zu sehen sind, lassen den Redner offen und unverkrampft wirken.

Hand(feuer)waffe

Das Zeigen mit einem Finger auf eine Person hat in der Regel noch immer eine starke Wirkung. Nicht umsonst spricht man beim Zeigefinger vom »Waffenfinger« (vgl. auch → S. 80). Die schräg nach oben geöffnete Hand wirkt am einladendsten.

Positiver Bereich

Befinden sich die Hände vor dem Körper und oberhalb der Gürtellinie, wirkt dies grundsätzlich positiv auf die Zuhörer.

Gesten in den Raum stellen

Können Sie Gesten auch mal stehen lassen? Das ist gar nicht so einfach, besonders dann nicht, wenn es sich um hektische Redner handelt. Aber: Jede Geste hat schon für sich ein großes Potenzial.

Einstudier-Verbot

Entscheidend sind Natürlichkeit und Glaubwürdigkeit. Deshalb nur nichts einstudieren! Ihre Handbewegungen müssen zu Ihnen passen. Das werden sie auch, wenn Sie während der Rede immer wieder mal darauf achten, dass ihre Hände Bewegungsspielraum erhalten. Anstatt mit einem großen Manuskript (DIN A4 oder größer), einem Pult oder sonstigen Gegenständen (z.B. Beamer-Fernbedienung oder Funkmaus) beschäftigt zu sein, können die Hände dann automatisch beginnen, lebendig zu werden.

Führ-Hand

Die Hand kann die Aufmerksamkeit der Zuhörer führen – beispielsweise an bestimmte Stellen auf der Tafel. Ebenso kann sie die Zuhörer von diesem Medium wegführen und die volle Aufmerksamkeit an eine andere Stelle im Raum lenken.

Büroklammer-Trick

Anfänglich kann eine Büroklammer in einer Hand helfen. Von den Zuhörern unbemerkt zwischen Daumen und Zeige- bzw. Mittelfinger gehalten, hat man etwas »zum Festhalten« und ist ansonsten komplett frei in der Gestik.

Hieraus lässt sich eine eigene Übung generieren, in der der jeweilige Redner eine Ein-Minuten-Rede hält (z. B. über den Stoff der letzten Stunde), und zwar ohne Spickzettel oder Redemanuskript. Die Büroklammer ist hierbei ein Hilfsmittel, damit sich der Schüler mit seinen Hände nicht verloren vorkommt.

Übungen

Übung: »Bildsprache der Hände« (→ DVD)

Die Schüler/innen stehen sich paarweise (A + B) im Raum verteilt gegenüber. A hat 30 Sekunden Zeit, eine Geschichte zu erzählen (z. B. einen Schwank aus dem Alltag, eine Urlaubsstory, über ein Hobby, vom vergangenen Wochenende ...). Allerdings tut A dies nur mit den Händen, mit Mimik und Körper!

Anschließend hat B Gelegenheit, Rückmeldung zu geben, was er oder sie verstanden hat. Es erfolgt ein Abgleich, wie viel Prozent der Story beim Gegenüber angekommen sind. Der Übungsleiter geht herum und lässt sich die Prozentzahlen zu rufen. Erfahrungsgemäß liegt die Mehrheit im oberen Bereich (70 bis 100 Prozent!).

Dann wird gewechselt und B erzählt pantomimisch seine bzw. ihre Geschichte. Es folgen der Abgleich (Feedback) und die prozentuale Einschätzung.

VARIANTE

- Die Kommunikationspartner (entweder nur alle A's oder nur alle B's) können nach der ersten Runde wechseln, sodass jeder einen neuen Partner erhält. Dies kann wertvoll sein, um festzustellen, dass die Kommunikation nicht mit jedem Partner gleich gut gelingt.

Übung: »Falsche Hände« (→ DVD)

Dreier-Teams, wobei einer (A) kurz den Raum verlässt oder weghört, während sich die beiden anderen (B und C) auf ein Thema, eine Begebenheit oder Ähnliches einigen.

Es darf gelacht werden!

Daraufhin nimmt A die Hände auf den Rücken, während B hinter ihm stehend seine Hände seitlich zwischen A's Körper und Armen nach vorne durchstreckt. Nun ist A mit den falschen Händen von B ausgestattet. C beginnt nun, den ahnungslosen A zu interviewen – nur B und C wissen, worum es geht. A muss die Bewegungen seiner (falschen) Hände laufend in Worte fassen (auf Redefluss achten!) und somit auf die Fragen des Interviewers Antworten finden bzw. entwickeln.

LERNCHANCE

➤ Die Hände als wichtige Kommunikations- und Bildmittel wahrnehmen. Ihnen bewusst Spiel- und Bewegungsraum verschaffen. Keine Gesten einstudieren, sondern auf die natürliche Entfaltung der Handbewegungen vertrauen.

3.6 Mimik

Unser Gesicht verrät unserer Umwelt am deutlichsten unseren momentanen Gefühlszustand. Je öfter wir im Laufe unserer Entwicklung die gleichen Gefühlszustände durchleben, desto mehr prägen wir dadurch unmerklich unseren Gesichtsausdruck. Der Gesichtsausdruck eines Menschen ist also das Ergebnis der Grundeinstellung, die dieser Mensch in seinem Leben und zu seinem Leben hat.

Ein Lächeln steigert den Wert Ihres Gesichts!

Es ist lohnend, das Gesicht als »Emotions-Tor« kennenzulernen – dazu die Übung »Pokerface« → auf der nächsten Seite. Wer seine Zuhörer öffnen will, muss selbst aufgeschlossen sein. Lyrisch gesprochen vermag das Gesicht Sonne, Regen oder Nebel in die Herzen der Zuhörer zu transportieren. Die meisten Zuhörer blicken lieber in die Sonne als in den Schatten. Viele Redner neigen allerdings dazu – sei es aus Nervosität oder Konzentration –, das mimische Spielfeld des Gesichts komplett zu vernachlässigen. Deshalb finden sich bei Referaten häufig ernste bis nichtssagende Gesichter, die die Zuschauer weder ansprechen noch neugierig machen oder gar begeistern können.

Wissenswertes zur Mimik

Doppelrolle

Während einer Rede kommt der Mimik folgende Doppelrolle zu:

- Ich zeige meinen Zuhörern, wie ich mich fühle.
- Ich signalisiere meinen Zuhörern, wie sie sich fühlen sollen.

Lächeln statt Grinsen

Aus wissenschaftlichen Untersuchungen zu körpersprachlichem Verhalten und den Wirkungen beim Gegenüber geht hervor, dass ein aufgeschlossener Gesichtsausdruck grundsätzlich für jeden Redner sinnvoll ist. Die Rede ist von leichtem Lächeln im Gesicht – die optimale Gesichtsgrundhaltung, nicht mit Grinsen zu verwechseln!

Positive Botschaften

In den meisten Reden sollen positive Botschaften weitergegeben werden. Dies sollte sich in einer entsprechenden Mimik wiederfinden.

Übung: »Pokerface« (→ DVD)

57 KV 14: Pokerface

Gespielt wird nach dem »Charade-Prinzip«: Während ein Schüler – in diesem Falle mimisch – versucht, den Gefühlszustand darzustellen, bemühen sich die Klassenkameraden, das jeweilige Adjektiv zu erraten. Jeder Schüler sollte nicht mehr als drei Begriffe darstellen, dann ist der nächste dran.

Je nach Klassensituation und Übungsziel (Spaß, Tempo, Gefühlsbetontheit ...) lassen sich die Übungs-Parameter variieren. Hier drei Vorschläge:

- Zwei »Rate-Teams« treten gegeneinander an – wer hat's schneller erkannt?
- Drei Schüler/innen stellen gleichzeitig den gleichen Begriff dar, und nur einer darf raten. Er hat nur eine Chance – wenn er falsch rät, bekommt der Kandidat des anderen Teams seine Chance. So lange im Wechsel, bis ein Kandidat einen Treffer landet.
- Zwei Gruppen spielen unabhängig voneinander im Klassenraum, anschließend wird abgeglichen, welche Begriffe eine ähnliche Mimik beinhalten (z. B. gelangweilt/desinteressiert).

Wichtig hierbei: der Mime muss die Hände auf den Rücken nehmen, um nicht in Versuchung zu geraten, seine Gestik einzusetzen. Noch besser ist es, einen schulterhohen Sichtschutz zu konstruieren – z. B. halten zwei Schüler/innen ein Tuch oder eine Tischdecke wie einen Vorhang vor den Mimen, sodass wirklich nur sein Gesicht zu sehen ist.

Erscheinungsbild 3.7

Unser gepflegtes Äußeres ist unsere »optische Visitenkarte«! Lange bevor wir in Hörweite sind, hat sich unser Gegenüber ein umfassendes Bild von uns gemacht.

> Ihre Kleidung und Ihre persönliche Erscheinung sprechen für Sie, bevor Sie auch nur das erste Wort gesprochen haben.

Zum Erscheinungsbild eines Menschen zählt in der Regel alles, was dem Betrachter optisch geboten – oder nicht geboten wird. Neben Kleidung, Schuhen und Brille kommt es noch auf die Frisur (und Rasur) an. Diese Erscheinungsmerkmale sollten dem Gegenüber vor allem eines vermitteln: Ich achte und pflege mein Äußeres – also Brille und Schuhe (!) geputzt, Frisur ordentlich, Rasur frisch.

Hierzu eine Anekdote aus dem Spielfilm »Das Streben nach Glück« mit Will Smith – nach einer wahren Begebenheit: Während seines Bewerbungsgesprächs bei einem renommierten Börsenbroker in San Francisco wird Chris Gardner im verschmierten T-Shirt vom Vorstandsvorsitzenden gefragt: »Was würden Sie sagen, wenn Sie erfahren, dass ein Mann eingestellt wurde, der als einziger weder Hemd noch Sakko trug?« Antwort: »Ich würde sagen, der Mann muss eine verdammt gute Hose angehabt haben!«

Wissenswertes zum Erscheinungsbild

Im Blickpunkt

Die äußere Erscheinung ist grundsätzlich für jeden eine Möglichkeit, sich der Umwelt und dem Umfeld zu präsentieren. Als Redner wird Ihre »äußere Hülle« automatisch mit erhöhter Aufmerksamkeit wahrgenommen, schließlich stehen Sie im Fokus des Interesses.

»Kleider machen Leute«

– dies gilt noch heute!

Ein Blick genügt

Lediglich eine Viertelsekunde (250 Millisekunden) dauert die Entstehung eines »Vor-Urteils« aufseiten der Betrachter. Hierzu genügt sogar eine nur schemenhafte Wahrnehmung der Person – schon werden Attribute wie z. B. sympathisch, langweilig, intelligent, fair, arrogant und so weiter zugeordnet.

Vampir-Effekt

Schüler/innen, die bei Referaten knallige Outfits oder große auffällige Schriftzüge auf der Kleidung tragen, bieten dem zuhörenden Zuschauer unter Umständen eine immer wiederkehrende visuelle Ablenkung. In der Markt- und Werbepsychologie spricht man hier von einem »Vampir-Effekt«: Das Objekt zieht um jeden Preis Aufmerksamkeit auf sich. Die eigentliche Botschaft wird zur Nebensache bzw. wird nur unterschwellig wahrgenommen.

Redner sollten am Tage der Präsentation auf eine angemessene Außendarstellung achten, denn sie haben keine Chance auf einen zweiten »ersten Eindruck«!

Attraktivität und Glaubwürdigkeit

Attraktivere »Sender« wirken in der Regel glaubwürdiger auf Empfänger. Auch wenn diese Erkenntnis der Kommunikationsforschung nicht überbewertet werden sollte, unterstreicht sie dennoch die Aussagekraft der äußeren Erscheinung.

Wie eine klitzekleine Kleinigkeit das Erscheinungsbild komplett verändern kann

Als die US-Sängerin Britney Spears zum ersten Mal bei Thomas Gottschalk mit einem Medley auftrat, veränderte sie sich kleidungsmäßig mit jedem neuen Lied. Eine vermeintlich entledigte Federboa verfing sich im Mikrofonsender an ihrem Rücken, wodurch in Gesäßhöhe eine Art Stummelschwänzchen entstand, das sie von nun an auf Schritt und Tritt begleitete. Obwohl es sich nur um einige Zentimeter handelte, war die Frau optisch erledigt: Jeder Hauch von Verruchtheit war dahin. Der Anblick von Frau Spears war so peinlich, dass die meisten Fernsehzuschauer ein Wechselbad der Gefühle durchlebten – von äußerst amüsiert bis peinlich berührt.

Dieses Beispiel verdeutlicht, wie nur wenige Zentimeter im Erscheinungsbild die Einstellung zur betreffenden Person komplett verändern können – in puncto Glaubwürdigkeit und Anerkennung bis hin zur vermuteten oder zugestandenen Kompetenz …

Kennen Sie die Horrorvision »offener Hosenladen«?

LERNCHANCE

➤ In jedem Erscheinungbild schlummert das Potenzial, sich selbst einen Wachstumsschub zu verpassen. Darüber hinaus enthält es die bewusste oder unbewusste Entscheidung, wie jemand von seinem Umfeld wahrgenommen werden möchte. Wer in der eigenen Persönlichkeit wachsen will, kann dies auch ein Stück weit über das Erscheinungsbild erreichen – sozusagen von außen nach innen.

Körperhaltung 3.8

Dieser Bereich umfasst auch die sogenannte Proxemik (Distanzverhalten bzw. Bewegung im Raum). Gemeint ist die Haltung des Körpers an sich (z.B. aufrecht, gebeugt, kraftvoller Stand) und innerhalb des Raumes (z.B. an der Wand/Projektionsfläche, nahe bei den Zuhörern, ein einziger Standort oder verschiedene Aufenthaltsorte während der Rede).

»Gang und Haltung verraten noch mehr als Ihr Gesicht.«
Alec Guinness

Wissenswertes zur Körperhaltung

Zustandsbarometer

Meine Körperhaltung signalisiert meinem Umfeld unbewusst, ob ich mich momentan in einem aktiven oder passiven, angespannten oder entspannten Zustand befinde.

»Stop and go«

Ich bewege mich zu einem Punkt, dort angelangt komme ich wieder zum Stehen (»stop«). Nach einiger Zeit bewege ich mich weiter und steuere den nächsten Standpunkt im Raum an (»go«).

Bewegung und Aufmerksamkeit

Die Verringerung der Distanz kann zwischendurch helfen, die Aufmerksamkeit vorübergehend zu erhöhen (Beispiel: der Gang in die letzte Reihe).

Attraktiv ist, wer gut »dasteht«

Die Attraktivität von Frauen und Männern hängt vermutlich stärker von ihrer Körperhaltung ab als vom Aussehen.

Von Mädels und Models

Mädchen bzw. Frauen werden erst durch Körperhaltung und Gang zu Models.

Körperlich-mentaler Zusammenhang (→ Übung »Nasser Sack Kartoffeln«, s. u.)

Durch die Veränderung der Körperhaltung meines Gegenübers – und natürlich auch meiner eigenen – leite ich die geistige Veränderung innerhalb einer Gesprächssituation ein bzw. erleichtert sich diese (z. B. in einer festgefahrenen Verhandlungssituation).

Übungen

Übung: »Optimaler Stand« (→ DVD)

Die Schüler/innen stellen sich so in den Raum, dass sie im Abstand von einem halben Meter (= eine Armlänge) niemanden im Bewegungsradius haben. Dann marschieren alle los – und zwar auf der Stelle –, ohne sich fortzubewegen. Während weiter auf der Stelle gegangen wird, schließen alle die Augen. Diese bleiben geschlossen, bis der Aufruf zum Öffnen kommt. Mit geschlossenen Augen kommen nun alle auf ihrem Platz zum Stehen und heben anschließend das rechte Bein an bzw. hoch. Dann wieder absetzen, nun das linke Bein: »Anheben ... 22 ... 23 ... und wieder absetzen!«

Nun können alle die Augen wieder öffnen – und nach unten auf die Füße schauen: Mit einer Trefferquote von 60 bis 70 Prozent haben die Schüler/innen ihren »optimalen Stand«, d. h. die Breite der beiden Standbeine ist ca. hüftbreit.

Mögliche Übung im Anschluss

Um die Tatsache zu verdeutlichen, dass allein der Stand eines Redners bereits eine gehörige Portion Aussagekraft für die Zuhörer beinhaltet, können Sie die Standhaftigkeit jedes Schülers testen. Indem sie einzelne Schüler/innen leicht bis mittelstark an der Schulter stupsen, lässt sich anschaulich darstellen, wer sich »durch nichts umwerfen lässt« und wer schon beim ersten Anflug von Kritik im wahrsten Sinne des Wortes »umfällt«.

Übung: »Nasser Sack Kartoffeln« (→ DVD)

Alle Schüler/innen schlendern im Klassenraum umher und lassen dabei nicht nur den Kopf, sondern alle Gliedmaßen schlaff herunterhängen. Jeder soll sich körperlich wie ein nasser Sack Kartoffeln fühlen – und hängen lassen (Hilfsgedanken: »Ich Null«, »Ich bin so'n Schlaffi« oder Ähnliches). Nachdem alle dieses Looser-Feeling eine halbe Minute lang ausprobiert haben, versucht jeder – unter Beibehaltung der »Schlaffi-Haltung« – eine starke, selbstbewusste, erfolgreiche Geisteshaltung zu verspüren (»Wow, ich bin der Größte!«, »Ich bin ein Gewinner!« und Ähnliches). In der Regel stellen die Schüler/innen fest, dass dies nicht gelingt, denn kraftvolle Gedanken in einem kraftlosen Körper können nicht funktionieren.

Nun kommt die Gegenprobe: Alle werden vom nassen Sack zum strahlenden Sieger, Universums-Champion oder zum Super-Girl (aufrecht, Brust raus, Kopf hoch und so weiter). Nachdem sie sich in diese Haltung eingefühlt haben, wird erneut – ohne die Körperhaltung zu verändern – die geistige Haltung »Ich bin ein Looser« ausprobiert.

Der Bereich Stimme umfasst unter anderem die fünf Bereiche zur Sprechtechnik: Sprechpausen, Sprechtempo, Lautstärke, Betonung und Artikulation. Ähnlich wie im Bereich Körpersprache (nonverbal) verfügt auch hier im paraverbalen Bereich jeder Redner über ungeahnte Möglichkeiten. Das liegt hauptsächlich an unserem größtenteils unbewussten Umgang mit unserem mächtigen Instrument Stimme.

»Unsere Stimme ist Spiegelbild unserer Persönlichkeit und ein wichtiger Erfolgsfaktor«, meint Radiomoderator Paul Johannes Baumgartner und zitiert ein Sound-Beispiel: »Die Entwicklung eines Porsche kostet rund eine Milliarde Euro. Zwei bis fünf Prozent gehen in eine Abteilung namens Sound-Design. Das heißt, 20 bis 50 Millionen Euro fließen in eine Abteilung, die ausschließlich dafür sorgt, dass ein Porsche auch klingt wie ein Porsche« (nach Löhr 2007).

> *»Ich lerne oft Menschen kennen und denke mir: Schade, sieht aus wie ein Porsche, klingt wie ein Trabbi.«*
> *Paul Johannes Baumgartner*

Damit auch Sie in Zukunft wahrnehmen, wenn gerade jemand versucht, aus einer Ente einen Jaguar zu machen, und Sie ein Bewusstsein dafür bekommen, wie man sich vom Kleinwagen zum Sportwagen oder zur Limousine entwickeln kann, lassen wir im Folgenden mit Ruth Seebauer und Percy Hoven gleich zwei Experten aus dem Bereich Stimme und Stimmbildung zu Wort kommen. Diese werden die hier vorgestellten Bereiche in den Kapiteln zur Stimme (→ S. 59 und 62) erweitern und mit konkreten Übungsvorschlägen vertiefen.

Wie viel PS hat Ihre Stimme?

Die folgenden fünf Stimmwerkzeuge helfen Ihnen, den Überblick über Ihr Repertoire zu behalten. Gleichzeitig haben Sie mittel- bis langfristig die Möglichkeit, noch deutlicher zu erkennen, in welchen Bereichen manche Ihrer Schüler/innen weit unter ihren Möglichkeiten präsentieren.

Sprechpausen

Erfahrungsgemäß fehlen bei neun von zehn Schülerreferaten die am meisten unterschätzten, aber für Zuhörer verständnisüberlebenswichtigen Sprechpausen! Die Rede ist hier von tatsächlichen Sprechpausen, die bewusst gesetzt werden. Dauer: ein bis drei Sekunden. Denn so lange darf eine Sprechpause sein – und wird dennoch vom Zuhörer als absolut angenehm empfunden!

> Die wertvollsten Teile einer Rede sind die Pausen.

Warum ist das so? Erst wenn Zuhörer Zeit und Raum für eigene Gedanken haben, besteht die Möglichkeit, das Gehörte zu verarbeiten und langfristig abzuspeichern. Jede Pause ist deshalb eine »Er-hol(ungs)-pause«! Denn »Er«, der Zuhörer, »holt« sich in dieser Pause die Information in seine Denkstruktur hinein. Hierzu muss er – bildlich gesprochen – die Information gegebenenfalls zerlegen, um sie dann Stück für Stück in sein bestehendes Denksystem integrieren zu können. Das erfordert Zeit – also Pausen (→ DVD).

Tipp

». Pause«
An bestimmten Stellen eines Vortrags ». Pause« auf dem Stichwortzettel eintragen – sprich »Punkt – Pause«. Wenn Ihre Schüler/innen dann an den entsprechenden Stellen gedanklich diese beiden Worte mitsprechen, entsteht automatisch schon mal zumindest eine kurze Pause.

Den meisten Schüler/innen fehlt der Mut, Pausen zu setzen. Die Ursache ist eine latente Angst vor der Stille als inoffizieller Offenbarungseid eines Redners: »Ich weiß nichts, deshalb hab ich grad nichts zu sagen.« Langfristig sollten ihre Schüler/innen aber ein Bewusstsein dafür bekommen, dass die Sprechpausen Kompetenz fördern, während pausenlose Dauerredner eher als »Laberer« an Wirkung verlieren.

Sprechtempo

Das Sprechtempo hat unmittelbaren Einfluss auf die Aufmerksamkeit unserer Zuhörer. Aus der Kommunikationsforschung ist bekannt, dass sich mit steigendem Sprechtempo zeitweilig die Aufmerksamkeit erhöhen lässt – während bei dauerhaft niedrigem Tempo die Aufmerksamkeit nachlässt und die Schüler/innen »wegdümpeln«.

Überraschende Ergebnisse lieferten die Untersuchungen mündlicher Prüfungssituationen: Schüler/innen mit hohem Sprechtempo erhielten im Durchschnitt bessere Bewertungen (bis zu einer ganzen Note!) als ihre langsamer sprechenden Mitschüler/innen.

Sprechtempo-Zauberwort: Dynamik

Da bei dauerhaft hoher Sprechgeschwindigkeit jedoch die Aufmerksamkeit im Klassenzimmer ebenso zusammenbricht, wie wenn dauerhaft sehr ruhig und langsam gesprochen wird, wird klar: *Das Zauberwort lautet Dynamik.*

Tipp

Ein Wundermittel für Schnellsprecher sind die Pausen. Sie bringen für das Auditorium ganz von selbst eine Erholungspause, sodass die Zuhörer unter Umständen danach sogar wieder in der Lage sind, einem flott voranschreitenden Redner zu folgen.

Lautstärke

Wer permanent sehr laut spricht, wird in der Regel als ebenso unangenehm empfunden wie derjenige, der unentwegt leise redet. Es gibt sogar Untersuchungen, die herausgefunden haben wollen, dass ein dauerhaft laut (im Kontext als zu laut empfunden) sprechender Gesprächspartner seine Zuhörer längerfristig aggressiv macht.

Ebenso wie beim Tempo gilt hier: *Dynamik ist das Gebot der (Unterrichts-)Stunde.* Der Wechsel zwischen unterschiedlichen Tempi und Phon-Bereichen, macht den Vortrag für Ihre Schüler/innen allein aus stimmlicher Sicht interessant und abwechslungsreich.

Artikulation

Zu einer guten Artikulation gehört eine saubere Aussprache, auch wenn Dialekt gesprochen wird. Regionale Färbungen bilden im Normalfall für Redner und Zuhörer ein »verbindendes Element«. Dennoch ist folgender Gedanke bedenkenswert:

> Man darf ruhig hören, woher Sie kommen. Man darf aber auch hören, dass Sie dort nicht stehen geblieben sind.

Somit ist es eine wichtige Eigenschaft, den eigenen Dialekt zu pflegen. Ähnlich wie bei Fremdsprachen jedoch ist es schön, wenn ein Redner in der Lage ist, in seinem Repertoire auf eine Sprache zurückgreifen zu können, von der sich grundsätzlich alle Zuhörer gleichermaßen mit einbezogen fühlen.

Betonung

Ein häufiges Phänomen bei Referaten ist der Verlust jeglicher Intonation. Hand in Hand geht dies meist mit einem unbewussten »Kleben am Text«. Denn sobald ich mich aus Angst, den Inhalt zu verlieren, gedanklich an bestehende Formulierungen und zuvor überlegte Worte klammere, bleibt kein Raum für die Interpretation des Gesagten. Wenn Schüler/innen dagegen frei sprechen und ad hoc ihre Gedanken formulieren, finden für gewöhnlich die dahinterstehenden Emotionen ihren Ausdruck – in unterschiedlicher Betonung während der Rede.

Monotonie ist somit nicht nur lern-, sondern auch sprechtechnisch der schlimmste Feind im Klassenzimmer. Monotone Redner sind gähnend langweilig und bekommen von Schüler/innen den Beinamen »Schlaftablette«.

Ein häufiges Phänomen bei Vorträgen von Schüler/innen sind sogenannte »Girlanden-Sätze«. Diese entstehen, weil am Ende eines Satzes die Stimme nicht – wie es natürlich wäre – gesenkt, sondern unbewusst oben gehalten wird. Dadurch kann keine Pause entstehen (sonst würde der Satz im Ohr jedes Hörers abgehackt und unvollständig erscheinen), und der Sprecher formuliert munter weiter. Auf diese Art und Weise kommen endlos lange Sätze zustande, die häufig vor Füllwörtern (»äh's«) nur so wimmeln.

Auf dem Arbeitsblatt auf → S. 58 dienen die Füllwörter dem Redner dazu, eine notwendige – aber unpassende – Pause zu ersetzen und somit eine provisorische »Hilfs-Verbindung« zwischen den Sätzen zu schaffen. Selbst eine »zerhackte« Sprechweise bewusst zu demonstrieren, kann als Rhetorikübung sehr reizvoll sein. Als Vorlage eignen sich viele Beispiele, die von Edmund Stoiber im Internet festgehalten sind.

58 **KV 15:** Zerhackte Sprechweise

Tipp

Es hat auch einen hohen Unterhaltungswert, die Texte anzuhören und dabei mitzulesen. Hörbeispiele sind im Internet als MP3-Datei und Video zu finden, z. B. unter *http://swiss-lupe.blogspot.com/2007/03/best-of-stoiber-mp3-und-video.html* (Abruf am 31.1.2008).

3.10 Zusammenfassung: Das Repertoire

- Die Übereinstimmung (Kongruenz) von Inhalten, Körpersprache und Stimme ist der wesentliche Gradmesser für erfolgreiche Kommunikation.
- Jeder Redner verfügt über ein großes non- und paraverbales Repertoire – die zehn Bereiche:
  - Blick,
  - Gestik,
  - Mimik,
  - Erscheinungsbild,
  - Körperhaltung,
  - Sprechpausen,
  - Sprechtempo,
  - Lautstärke,
  - Artikulation und
  - Betonung.

  Bislang von unserem Bildungssystem weitgehend vernachlässigt, liegt dieses Repertoire derzeit bei weiten Teilen der Bevölkerung brach – Lehrer/innen, Schüler/innen, Studierende und Universitätsprofessoren eingeschlossen!
- Die Entwicklung unseres kommunikativen Potenzials geht Hand in Hand mit der Persönlichkeitsentwicklung.
- Das Heben dieses Schatzes und das Ausschöpfen unseres Repertoires bedeutet, einen Wachstumsprozess in Gang zu setzen. Dieser muss weder linear noch zügig erfolgen. Aber die überraschenden Ergebnisse werden bald sicht- und hörbar.
- Wer an seiner Stimme arbeitet, arbeitet am Kern seiner Persönlichkeit.
- Nur wer übt, wird besser!

14 Pokerface

angeberisch	unsicher	aggressiv
verliebt	flirtend	traurig
mutig	zornig	neugierig
gelangweilt	fröhlich	schüchtern
freudig	stinksauer	ängstlich
niedergeschlagen	desinteressiert	hoffnungsvoll
verträumt	leidenschaftlich	cool
intelligent	doof	herzerweichend

15 Zerhackte Sprechweise

»Absenkung des Alters der Kinder«
(Edmund Stoiber bei Frau Christiansen)

»... im Bundesrat klar als Bedingung, das heißt also Absenkung des, na des des des des ... na des des Alters ... des Alters der Kinder, wenn sie ... des Nachzugsalters. Dann kommt der fünfte Punkt, und der sechste Punkt kommen sicherlich die Fragen gleichge... äh ... nicht gleichgesch... äh ... ob ich auch ... äh äh ... Asylgründe schaffe außerhalb der politischen und der rassistischen Verfolgung, also auch Gründe ... äh ... wenn aus ... wenn ... wenn andere Gründe sozusagen, also aus dem Geschlecht oder Ähnlichem stattfinden ... dass äh also Frauen, die wegen ihres Frauseins irgendwo verfolgt werden, ob ich denen jetzt ein Asyl ... ein Zusatz-Asylgrund gewähre.«

Fußball 2002

»Wer ein Trio vorne hat wie Ronaldo, Ronaldinho und äh ... äh äh ... und äh ... und die anderen Brasilianer ... Carlo ... Roberto Carlos ... das ist äh ... das ist ... Rivaldo dazu noch ... Rivaldo ... äh äh äh ... Rivaldo und äh ... Ronaldinho und Ronaldo ... also... das dann verloren zu haben, das ist zwar bitter, aber nicht so bitter.«

Stoiber und der Bär

»Äh ... natürlich freuen wir uns, das ist gar keine Frage, freuen wir uns, und die Reaktion war völlig richtig, einen ... äh ... sich normal verhaltenden Bär in Bayern zu haben. Äh ... ja, das ist gar net zum Lachen. Äh ... und der... Bär, im Normalfall, ich muss mich ja auch ... äh... auch Werner Schnappauf hat sich natürlich hier ... äh ... intensiv ... äh ... mit ... äh ... sogenannten Experten austausch... austauschen ... äh ... müssen. Nun haben wir ... der normal verhaltende Bär lebt im Wald, geht niemals ... äh ... raus und ...äh ... reißt vielleicht ... äh ... ein bis zwei Schafe im Jahr. Äh ... wir haben dann einen Unterschied zwischen dem normal sich verhaltenden Bär, dem Schadbär und dem ... äh ... Problembär. Und ... äh ... es ist ganz klar, dass ... äh ... dieser Bär ... äh ... ein Problembär ist, und ... äh ... es ist im Übrigen auch ... äh ... im Grunde genommen ... äh ... durchaus ... äh ... ein gewisses Glück gewesen. Der hat um ein Uhr nachts ... äh ... praktisch ... äh ... diese Hühner gerissen. Und ... äh ... Gott sei Dank war in dem Haus ... äh ... war ... also jedenfalls ist das nicht bemerkt worden aufgrund von ... äh ... es ist nicht bemerkt worden. Stellen Sie sich mal vor, der war ja mittendrin, stellen Sie sich mal vor, die Leute wären raus und wären praktisch jetzt dem Bären ... äh ... praktisch begegnet ... äh ... was da hätte passieren können!«

Stimmeinsatz und Körperhaltung

4

Mit der eigenen Persönlichkeit im Einklang

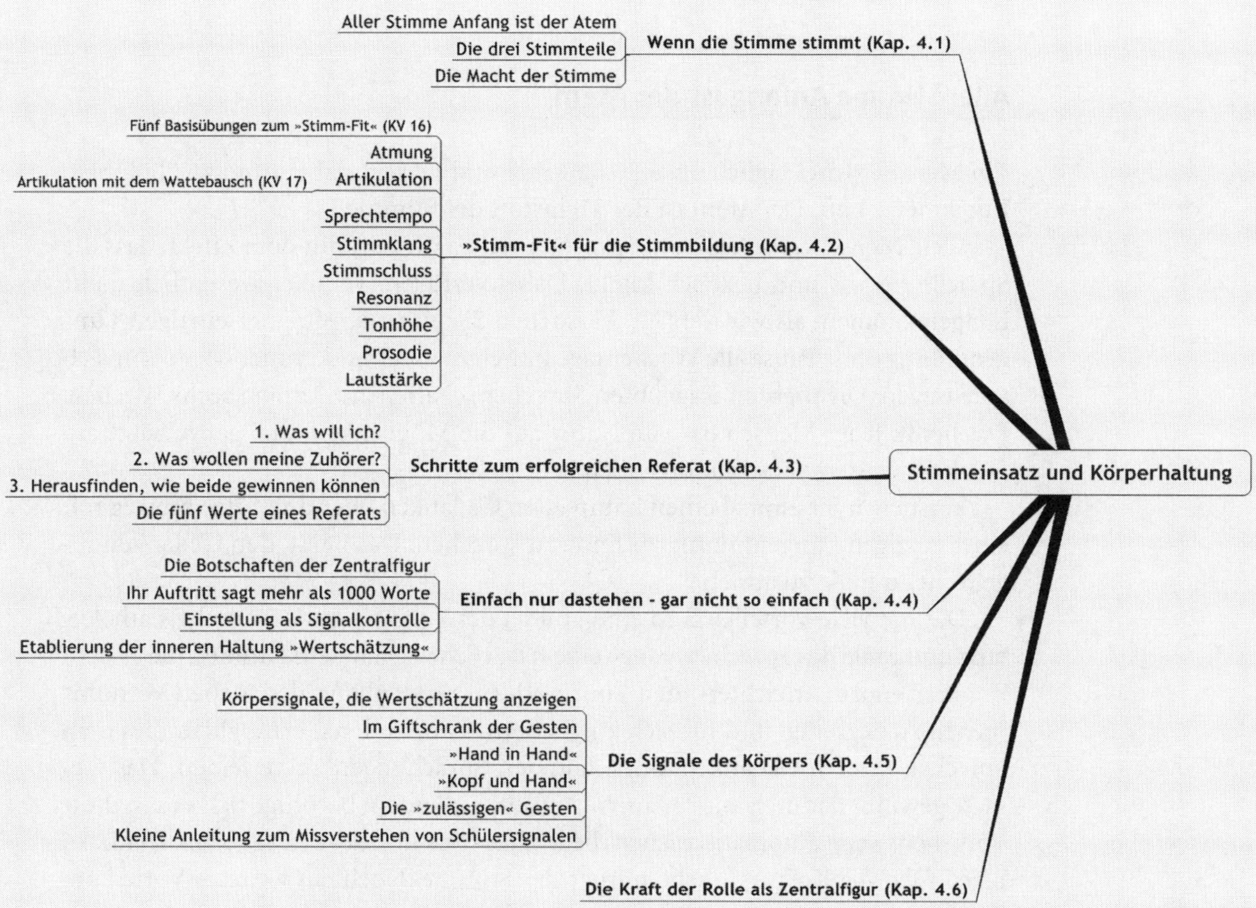

Wenn die Stimme stimmt

von Percy Hoven | **4.1**

> Was im Text eines Buches der Buchstabe, ist beim Vortrag die Stimme.

Audiovisuelle Ergänzung zu diesem Beitrag auf der beiliegenden DVD

Beim Buch genügen ein klares Schriftbild und die richtige Seitenabfolge, um den geschriebenen Inhalt zu transportieren. In der Rede ist die Stimme das, was im Buch der Schrift entspricht. Wäre das Schriftbild so facettenreich wie die menschliche Stimme, dann wäre so manches Schriftbild laut und deutlich, aber schwer leserlich – oder aber viel zu niedlich und auf Dauer unbequem zu lesen oder einfach nur altbacken und nervig …

Im Idealfall ist das Schriftbild klar und deutlich – und genauso verhält es sich mit unserer Sprache. Die gesprochene Sprache sollte dann und wann auch auf ihre Zumutbarkeit beim Hörer überprüft werden. Das gilt nicht nur für ihren Inhalt, sondern auch für die Form.

Eine gute Stimme verleiht einem Vortrag einen eigenen Charakter – man möchte fast sagen, dass die Stimme eine vom Sprecher oder der Sprecherin losgelöste eigene Persönlichkeit besitzt.

Aller Stimme Anfang ist der Atem

Ein Mensch atmet täglich etwa 23.000-mal und bewegt dabei rund zwölfeinhalb Kubikmeter Luft. Der Atem ist der Treibstoff der Stimme.

Viele Menschen holen beim Sprechen viel zu oft Luft mit dem Effekt, dass die Sprache nervös und hektisch klingt. Dabei verfügen wir über wesentlich mehr Lungenvolumen, als wir denken. Versuchen Sie einmal, mit einer einzigen Lungenfüllung ohne Pause alle Wochentage hintereinander und immer wieder für sich aufzusagen. Die meisten ungeübten Sprecher schaffen auf Anhieb sechs Wochen. Das heißt: Jeder Mensch hat von Natur aus die Möglichkeit, drei ganze Sätze am Stück ohne Atempause zu formulieren.

Versuchen Sie einmal einen kompletten Gedanken über drei Sätze hinweg mit einer einzigen Lungenfüllung zu Ende zu sprechen. Das heißt, den Gedanken regelrecht zu Ende zu atmen.

Das hat viele Vorteile: Zum einen bildet der Vorgang des Atemholens am Anfang und Ende des Sprechvorgangs eine natürliche Gedankenklammer, die es dem Zuhörer enorm erleichtert, den Sinn und Zusammenhang des soeben Vernommenen zu begreifen und für sich zu gliedern. Zum anderen ermöglicht dies dem Sprecher, seinem Gedanken einen anderen Sprachbogen zu verleihen. Das Gesagte gewinnt dadurch enorm an Wertigkeit. Außerdem beruhigt sich durch diese Vorgehensweise automatisch auch die Körpersprache des Vortragenden. Denn bei Laien folgt die Körpersprache immer der Stimme. Noch ein weiterer Vorteil am Rande: Die Atem- bzw. Sprechpause gibt Ihnen eine gute Möglichkeit, Ihre Körperachse zu verändern, um einen neuen Gedanken einzuleiten.

Die drei Stimmteile

Eine ausgeglichene Stimme ist wie ein gutes Parfüm – sie besteht aus drei Teilen. Ein Parfüm setzt sich aus einer Kopf-, einer Herz- sowie einer Basisnote zusammen.

Übersetzt man nun das Parfümbeispiel in die Welt der Stimme, so entspricht die *Kopfnote* dem ersten Charaktereindruck, den wir von einer Stimme haben. Die Kopfnote wird auch häufig als der metallische Anteil einer Stimme bezeichnet. Er entsteht im Kopfbereich, d.h. im Nasen- und Stirnhöhlenbereich. Diese Stimmanteile bilden die äußeren Bereiche der Stimmamplitude und sorgen für akustische

Reichweite. Die Kopfnote entspricht trotz ihrer Charakteristik dem vernünftigen Anteil der Stimme. Kommt ausschließlich die Kopfnote zum Einsatz, so klingt eine Aussage neutral und seriös. Es kommt kaum Emotion auf.

Ähnlich wie beim Parfüm bildet auch die *Herznote* die zentralen Eigenschaften der menschlichen Stimme. Die Herznote ist das Resultat der unmittelbaren Schwingung der Stimmbänder und wird im Kehlkopf erzeugt. Sie definiert die Tonlage, in der wir sprechen. Die Tonhöhe des Grundtons der menschlichen Stimme liegt für die männliche Stimme bei etwa 125 Hz, für die weibliche bei etwa 250 Hz. Kleine Kinder haben eine Tonlage um 440 Hz. Ursache dieser Unterschiede ist die unterschiedliche Größe des Kehlkopfes und damit der Länge der Stimmbänder. Der Stimmumfang beträgt dabei 1,3 bis 2,5 Oktaven. Der Frequenzbereich der menschlichen Stimme mit den Obertönen beträgt etwa 80 Hz bis 12 kHz. Der Bereich der Herznote ist aber keinesfalls neutral: Nur in diesem entstehen die Amplituden der seelischen Stimmung. In der Herznote finden sich Frequenzbereiche, die für die Verständlichkeit, die Betonung der einzelnen Laute sowie für Stimmfarbe und Temperatur eine Rolle spielen. In diesem Bereich kommt also buchstäblich Laune auf.

Dazu an dieser Stelle ein kleiner Versuch:
Lesen sie diesen Satz einmal bewusst lächelnd und danach bewusst emotionslos und überprüfen Sie dabei die Veränderungen in Ihrem Kehlkopf.

Wie bei einer Duftkomposition spricht auch die *Basisnote* der menschlichen Stimme unsere tiefsten emotionalen Bereiche an. Die Basisnote entsteht im untersten Hals- und im restlichen Brustbereich und sorgt für einen entsprechend warmen Klang der Stimme. Hier findet sozusagen nachhaltige Überzeugungsarbeit statt. Hier wird die Stimme körperlich, fast »greifbar«. Eine ausgereifte und zentrierte Basisnote ist der Schlüssel zu einer reifen Stimme. Die Basisnote ist der »Brustton der Überzeugung« und das akustische Hologramm des Sprechers – mit der längsten emotionalen Halbwertzeit. Sie ist ein Grundton, der ins Unterbewusstsein dringt und der Stimme eine körperliche Resonanz verleiht. Nicht ohne Grund wirken basslastige Männerstimmen attraktiv, da sie auf emotionale Stabilität schließen lassen. Frauenstimmen mit einer ausgeprägten Basisnote wirken extrem sexy, da sie die Anmutung des weiblichen Körpers hörbar in sich tragen.

Im Kindesalter entwickelt die Stimme erst ihren Charakter. Während des Stimmbruchs im Alter von 11 bis 13 Jahren werden bei Jungen und Mädchen die Stimmlippen dicker und länger, die mittlere Sprechstimmlage sinkt dabei bei Jungen um eine Oktave, bei Mädchen um eine Terz, der Stimmumfang erhöht sich auf etwa zwei Oktaven. Diese Phase fällt in die gesellschaftlich kritische Phase der Schulzeit. Nur zu oft gerät ein Schülerreferat zum stimmlichen Fiasko. Aus Angst, inhaltliche Fehler zu machen, rutscht die Stimme des Vortragenden automatisch in die mittleren »verharmlosenden« Bereiche – die Stimme klingt scheu und nicht überzeugend.

Traurig, aber ein oft zu beobachtendes Klischee: Besonders Frauen bilden in der Phase des Stimmbruchs oft nur Herz- und Kopfnote ihrer Stimme aus. Das Resultat begleitet sie meist ihr Leben lang: Die Stimme klingt harmlos, niedlich und unerwachsen. Erst die Basisnote lässt die Stimme erwachsen klingen.

Die Macht der Stimme

Stimme geht tiefer als man denkt – und das im wahrsten Sinne des Wortes. Die Stimme verrät sehr viel über den, der spricht. Stimme ist das Ergebnis einer jahrelangen »Gestimmtheit« des jeweiligen Individuums. Oftmals ist sie leider nur ein Kompromiss dessen, was physisch möglich wäre. Es gibt keine guten oder schlechten Stimmen – es gibt nur trainierte und untrainierte. Viele ambitionierte Eltern schicken ihre Kinder beispielsweise früh ins Ballett oder in den Musikunterricht. Die Motivation ist dabei mehr Ausdruck gesellschaftlicher Etikette als das Ermöglichen einer künstlerischen Laufbahn. Selten hegen fürsorgliche Erziehungsberechtigte den Gedanken an ein rechzeitiges Sprechtraining für ihre Kinder, denn das sollte doch Aufgabe der Schule oder des Deutschunterrichts sein.

Was vielen noch nicht klar ist: Sprache und Stimme sind eine soziale Visitenkarte. Eine sympathische Stimme erobert die Herzen und übt – meist unbewusst – Macht aus.

4.2 »Stimm-fit« für die Stimmbildung

von Ruth Seebauer

Audiovisuelle Ergänzung zu diesem Beitrag auf der beiliegenden DVD

Die Bleistifte sind für den Unterricht gespitzt, die Texte sorgfältig vorbereitet, die Bluse, das Hemd gebügelt, die Haare in Form gebracht. Als Lehrer/in achten Sie auf Ihr Outfit. Was tun Sie dafür, dass Ihre Stimme das transportiert, was Sie vermitteln wollen?

Haben Sie neben dem richtigen Outfit auch das passende »Stimm-fit«? Damit ist eine Stimmhygiene gemeint, die vielleicht noch nicht zum täglichen Pflegeritual gehört. Was können Sie tun, damit Ihre Stimme gut klingt und fit bleibt? Mit diesem Thema befasst sich das folgende Kapitel. Es bietet Ihnen neben kurzen Erklärungen vor allem Anleitungen für eigenes Üben.

Wussten Sie, dass sich die Befindlichkeit eines Sprechers über die Stimme auf die Zuhörer überträgt? Möglicherweise haben Sie sich z.B. schon einmal – vielleicht unbewusst – geräuspert, weil ein Redner einen Frosch im Hals hatte. Das kann sogar beim Radiohören oder Fernsehen geschehen. Beobachten Sie sich einmal. Oder bekommen Sie ein Gefühl von »Unstimmigkeit«, weil jemand in einer zu hohen oder zu tiefen Tonlage spricht?

Die Stimme ist unsere klingende Visitenkarte. Sie drückt unsere Stimmung und unsere innere Verfassung aus. Atmung, Sprechtempo, Artikulation, Stimmklang, Resonanz, Tonhöhe, Prosodie (Sprechmelodie) und Lautstärke verändern sich je nachdem, wie wir uns gerade fühlen. Die Zuhörer schwingen – gewollt oder ungewollt – mit unserem inneren Stimmungsbarometer mit. Bei der Vermittlung der Inhalte im Unterricht ist es hilfreich, sich der unterschiedlichen Wirkungen der eigenen Ausdrucksweise bewusst zu werden.

Stimme ist das wichtigste, tägliche Kommunikationsmittel für Lehrer/innen. Sie steht im Spannungsfeld zwischen Stoffvermittlung und Ermahnungen; mit ihrer Hilfe wird die Aufmerksamkeit in der Klasse gehalten. Als Stoffvermittler sind Lehrer/innen Hauptdarsteller und Mittelpunkt der Handlung. Je besser es gelingt, das Schülerpublikum zu fesseln, umso erfolgreicher und leichter wird der Unterricht. Lehrer/innen sind in diesem Sinne »Schauspieler«. Sie begeben sich spielerisch in eine Rolle, müssen eine innere Distanz wahren, auf Haltung, Atmung, Zentrierung und den inneren Kontext der Worte achten – und gleichzeitig auf den Kontakt zu ihren »Zuschauern«, den Schüler/innen.

Da Atmung und Stimme sowohl vom unwillkürlichen als auch vom willkürlichen Nervensystem gesteuert werden, gibt es neben der reflektorischen Regelung des autonomen Nervensystems auch die Möglichkeit, dass wir mit unserem Willen steuernd eingreifen. Und hierin liegt unsere Chance zur Gestaltung. Aus meiner Erfahrung heraus ist es jedoch wichtig, dieses willentliche Eingreifen den natürlichen und physiologischen Prinzipien der Selbstregulation unterzuordnen.

Die folgenden Anleitungen sollen Sie zum einen mit den stimmlichen Anforderungen eines modernen Lehrers als »Schauspielers« vertraut machen, zum anderen einen stimmhygienischen, gesunden Umgang mit Ihrer Stimme fördern. Im Folgenden werden praktische Anleitungen zu den Themen Atmung, Sprechtempo, Artikulation, Stimmklang, Resonanz, Tonhöhe, Prosodie und Lautstärke vorgestellt.

84 KV 16: Fünf Basisübungen zum »Stimm-Fit«

Atmung

»Weniger ist mehr!«

Eine ausgeglichene und federnde Atmung ist die beste Basis fürs Sprechen. Ein Training der Atmung bedeutet aber nicht, dass heftig gepustet und geschnauft werden muss. Bei Atemübungen gilt das Motto: Weniger ist mehr! Sie dürfen dabei ganz faul und entspannt sein. Ehrgeiz ist hier eher kontraproduktiv. Legen Sie nach drei- bis viermaliger Durchführung jeder Übung eine Pause ein und lassen Sie die Atmung sich normalisieren; dabei nehmen Sie wahr, was sich verändert oder gleich bleibt. Die Pausen sind genauso wichtig wie die aktive Arbeit. Erst nach einer Pause wiederholen Sie die Übung oder gehen zur nächsten über. Bei diesen Übungen handelt es sich um atemverbundene Bewegungsübungen – passen Sie die Länge der jeweiligen Bewegung der Länge Ihrer Ausatmung an.

- Die *Einatmung (EA)* sollte reflektorisch geschehen, d. h. möglichst geräuschlos mit geschlossenen Lippen ohne willentliches, geräuschvolles und verstärktes Einziehen der Luft. Hier gilt: Solange Ihre EA zu hören ist, ist sie noch nicht optimal.
- In der *Ausatmung (AA)* arbeiten Sie zunächst mit dem Strömungslaut /f/ als langes /fffff/.

Bildung und Wirkung des /f/ ► Die oberen Schneidezähne berühren den inneren Rand der Unterlippe, die Mundwinkel haben leichte Tendenz nach oben, die Oberlippe ist leicht geschürzt. Dieser Reibungslaut ist durch seinen Widerstand in der Lage, die AA abzubremsen. Sie wird dadurch verlängert. Die Folge ist eine unwillkürliche (!), vertiefte EA. Bitte kein ausgeblasenes /fhhhh/. Es ist zu lasch und könnte die AA nicht beeinflussen.

1. Übung: »Der Lungenfeger« (aus Kofler 1992)

- EA: Arme seitlich bis auf Schulterhöhe anheben (ohne die Schultern hochzuziehen), Handflächen nach oben.
- AA: Handflächen nach unten drehen. Impulshaftes, kräftiges /pf/, dabei mit den Armen nach unten federn und innehalten, ein weiteres /pf/ in gleicher Intensität, mit den Armen federn, innehalten und den Rest des Weges der Arme nach unten mit einem verlängerten /fffff/ beenden. *Bild:* »Luft entweicht aus einem Fahrradschlauch«.
- Lösen der muskulären Spannung nach der AA. Mit Einsetzen des EA-Reflexes Übung wiederholen.

2. Übung: »Dreiteilige Tai-Chi-Atemübung« (→ DVD)

- *Teil 1*
  - EA: Arme seitlich bis auf Schulterhöhe anheben, Handflächen siehe »Lungenfeger«
  - AA: Handflächen nach unten drehen, mit verlängertem /fffff/ langsam ausatmend die Arme seitlich nach unten bewegen.
  - Lösen der muskulären Spannung in den Armen und der Artikulation.
- *Teil 2: »An einem Wasserfall Wasser schöpfen«*
  - EA: Handflächen zu einer gemeinsamen Schüssel formen, langsam nach oben über den Kopf führen.
  - AA: Handflächen öffnen und nach vorne drehen, mit verlängertem /fffff/ langsam ausatmend am »Wasserfall« entlang nach unten streichen.
  - Lösen der muskulären Spannung in den Armen und der Artikulation.
- *Teil 3: »Die Welt umarmen«*
  - EA: Arme seitlich weit geöffnet, langsam zu sich herholend vor der Brust überkreuzen.
  - AA: Handflächen nach außen drehen, mit verlängertem /fffff/ langsam ausatmend die Arme wieder öffnen.
  - Lösen der muskulären Spannung in den Armen und der Artikulation.

3. Übung: »Froschbeinschlag« im Liegen

Sie liegen entspannt auf dem Rücken, Beine ausgestreckt. Um den Rücken gut wahrzunehmen, ist eine härtere Unterlage günstig (also nicht im Bett durchführen). Diese Übung wird für eine gewisse Zeit einseitig ausgeführt, sie wechseln erst nach etwa drei Sequenzen zur anderen Seite. Dadurch haben Sie eine gute Vergleichsmöglichkeit, um feststellen zu können, was sich im Laufe der Übung bei Ihnen verändert. Entscheiden Sie sich jetzt für rechts oder links.

- EA: Das Bein möglichst entspannt aufstellen, indem Sie es seitlich nach außen fallen lassen, der Fuß schleift faul mit.
- AA: Das Bein wieder langsam in die ausgestreckte Position führen, indem die Fußfläche so lange wie möglich ganzflächig am Boden reibt, mit /fffff/.
- Lösen der muskulären Spannung des Beins und der Artikulation.

Artikulation (→ DVD)

Durch gut verständliches Sprechen reduzieren Sie Ihren Sprechaufwand und damit Ihre Sprechanstrengung. Massieren Sie Ihre Kaumuskulatur, streichen Sie Ihren Unterkiefer von oben nach unten aus, sodass er sich leicht öffnet, lockern Sie Ihre Zunge mit Nonsenssilben und sprechen Sie folgende Zungenbrechersätze:

- Der Cottbuser Postkutscher putzt den Cottbuser Postkutschkasten.
- Brautkleid bleibt Brautkleid und Blaukraut bleibt Blaukraut.
- Die Katze tritt die Treppe krumm.
- Zehn Ziegen zogen zehn Zentner Zucker zum Zoo.
- Die Bürsten mit den weißen Borsten bürsten besser als die Bürsten mit den schwarzen Borsten.
- Zwischen zwei spitzen Steinen zischten zwei Schlangen.

85 KV 17:
Der Wattebausch-Test

→ *siehe auch Übung 5 der Basisübungen zum »Stimm-fit« (S. 84)*

Diese »Sprechgymnastik« führt Sie zu deutlicher Aussprache und bringt den Stimmsitz nach vorne.

Stimmbildner sprechen vom »vorderen Stimmsitz«. Durch reflektorisches Mitvibrieren der Stelle, an der die Laute /d/, /t/, /n/, /l/, /s/ und /r/ gebildet werden, durch bewusstes »Ansetzen« der Stimme an dieser Artikulationsstelle klingt die Sprechstimme heller und präsenter – im Gegensatz zu dem hinteren, »halsigen« Ansatz bei Dialekten wie dem Bayrischen oder Schwäbischen.

Sprechtempo (→ DVD)

Lassen Sie sich beim Sprechen so viel Zeit, dass innere Bilder entstehen – angeregt durch den gesprochenen Text. Dies gelingt bei langsamem Sprechen besser. Überschaubare »Sprechportionen« mit Atempausen sind für Zuhörer auch leichter verdaulich. Lesen Sie folgenden Textausschnitt langsam und laut; zunächst mit allen angegebenen Atempausen (durch das Zeichen * markiert). Erst nach mehrmaligem Lesen gehen Sie zu den längeren Sprechbögen über und überlesen die mit (*) angegebenen Atempausen.

*»Der Mond schien stumm (*) auf die gefrorene Erde, * und überall im Land (*) regte sich flüsternd Leben, * hier und da * übertönt vom melancholischen Geheul eines einsamen Wolfes. * Die Augenlider der Frauen zuckten in erschöpften, * unruhigen Träumen, * und ein leises, * hilfloses Stöhnen (*) entrang sich ihren Lippen.* Dann, (*) als der Mond sich dem östlichen Horizont neigte, * erscholl irgendwo in der Nacht (*) ein Ruf. * Beide Frauen wachten sofort auf * und hofften, * dass der schreckliche Schrei (*) Teil ihrer Albträume gewesen war. * Wieder war das Heulen zu hören. *«*

aus: Velma Wallis (1994): Zwei alte Frauen. © Piper Verlag GmbH, München, S. 30f.

Stimmklang (→ DVD)

Im Stimmklang transportiert sich unsere Befindlichkeit, unsere aktuelle »Stimmung«, wie wir mit uns umgehen, ob wir mit unseren Gefühlen »im Einklang« sind, ob wir unserem »inneren Kind« Raum für freie Entfaltung geben oder ob wir es einengen. Ein tragfähiger und belastbarer Klang kommt durch einen guten Stimmschluss, durch eine freie und unabhängig schwingende Schleimhaut und durch Ausbalancierung und Durchmischung der beiden Register Brust- und Kopfstimme zustande. Scheuen Sie sich nicht, auch mit hohen Tönen umzugehen. Vermeiden Sie, dabei zu pressen.

Stimmschluss

Wenn sich die im Kehlkopf befindlichen Stimmlippen bei der Tonproduktion so einander annähern und berühren, dass sie sich schließen, entsteht ein klarer, klingender Ton. Behauchte, raue und heisere Töne kommen durch nicht vollständigen Stimmschluss zustande. Sie sind unökonomisch im Luftverbrauch und ermüden den Sprecher auf Dauer.

1. Übung mit Gleittönen (glissandi): »Äpfel pflücken«

- Stehen Sie aufrecht, beide Füße hüftbreit parallel, Knie durchlässig.
- EA: Sie dehnen sich auf einer Seite mit einem gestreckten Arm bis auf die Zehenspitzen nach oben. *Bild:* Sie möchten einen weit oben hängenden Apfel pflücken.
- Sie greifen und pflücken ihn, und in der AA kommen Sie zusammen mit einem von der Höhe her geführten Ton auf /ha/ wieder zurück auf beide Fußsohlen und lockern sich. Der Ton sollte stufenlos durch das ganze Tonspektrum von oben nach unten gleiten. Um sicher zu sein, dass der Ton in der Höhe weich angesetzt ist, nehmen Sie das /h/ vor das /a/, also /ha/.

2. Übung: »Ein Weinglas zum Tönen bringen«

Sie richten Ihre Lippen in Pfeifstellung aus und behalten diese bei, während Sie Töne auf /lu/ bilden. Um sicher zu sein, dass Sie sich in der reinen Kopfstimme und nicht schon in der »gemischten Stimme« oder der Bruststimme befinden, sollten die Töne hoch und leise – auf keinen Fall gepresst – angesetzt werden. Die Töne sollen dem Klang eines Weinglases gleichen, dessen Rand mit einem reibenden Finger in Schwingungen versetzt wird.

3. Übung: »Kathedrale mit Turm« (→ DVD)

Um die Sprechstimme von einem flachen und engen Klang zu befreien, geht es in dieser Übung um eine Erweiterung des Klangraums nach hinten und oben. *Bild:* Der Mundraum formt ein Kirchenschiff, der Rachenraum erstreckt sich nach oben in den Turm einer Kathedrale. Der Stimmklang verwirbelt sich sowohl im Kirchenschiff und vor allem in den Turm nach hinten und oben. Nehmen Sie auch hier einen höheren und leiseren Ton auf /lu/, der sich nach /lu-o/ hin verändert.

Resonanz (→ DVD)

Resonanz beim Stimmklang bedeutet, dass die unmittelbare Umgebung der Tonquelle Kehlkopf, also Rachen- und Nasenraum, Stirn- und Schädelhöhlen, zum Mitschwingen angeregt wird. Im Idealfall lässt sich der ganze Körper in das Vibrationsgeschehen der Töne einbeziehen. Je mehr ein Ton Mitschwingungen erzeugt, umso obertonreicher, tragfähiger und vollklingender wird er.

1. Übung: »Summen in einen Luftballon«

Nehmen Sie einen aufgeblasenen Luftballon vor Ihr Gesicht in beide Hände und summen Sie mit weich aufeinandergelegten Lippen in einer Ihnen angenehmen Stimmlage. Sie nehmen Vibrationen im Luftballon wahr. Indem Sie den Luftballon an verschiedenen Stellen aufsetzen, z.B. Stirn, Nase, Backenknochen, Schädeldach, Hals oder Brust, erfahren Sie, welche Stellen vibrieren. *Bild:* »Nicht vibrierende« Stellen durch Verteilen der Vibrationen von vibrierenden Stellen her »versorgen«.

2. Übung

Sprechen Sie spielerisch Silben- und Lautimprovisationen mit /m/, /n/, /ng/, /s-stimmhaft/ und /w/:

- mamamama, mnijam-mnijom, ying yang, ninnannönnnünn, nannannnan
- sssnnn wwwnnnn mmmnnnwww (usw.)

3. Übung

Übertreiben Sie folgende Sätze in der Aussprache und betonen Sie das /m/, /w/ und /s/:

- Meine Mutter mag morgens manchmal Müsli mit Milch und Marmelade.
- Wir Wiener Waschweiber würden weiße Wäsche waschen, wenn wir wüssten, wo warmes Wasser wär.
- Susi, sag mal »süße Sahne«.

Tonhöhe

Coolness und Sachlichkeit kommen mit tiefer Stimme gut rüber. Sprechen wir dagegen ein schwieriges und heikles Thema an und zieren uns dabei, so wird ein höheres »Flöten« vielleicht erfolgversprechender sein. Je nach Inhalt und Ziel können wir die Lagen wechseln. Ist unsere Stimme jedoch noch nicht so flexibel, das alles mit sich machen zu lassen, helfen die folgenden Übungen zur Prosodie und die fünf Basisübungen zum »Stimm-fit« (→ S. 84).

Prosodie

Die Sprechmelodie im Deutschen ist – verglichen etwa mit dem Englischen oder dem Italienischen – nicht sehr bewegt. Allerdings haben es deutsche Zuhörer auch leichter, sich auf Gesprochenes zu konzentrieren, wenn die Sprache farbig und melodiös ist. Um Ihr gesamtes Klangspektrum anzuregen, üben Sie mit Gleittönen, den folgenden Anregungen zum »Schauspielen« und den »Alltagsfetzen« aus den fünf Basisübungen (→ S. 84, Übung 3):

- Spielen Sie mit dem folgenden oder mit jedem anderen Text verschiedene Stimmungen durch und hören sich zu, wie die Stimme dabei klingt. Vielleicht haben Sie zu Ihrer Selbstkontrolle auch Gelegenheit, sich aufzunehmen. Lesen Sie begeistert, gelangweilt, traurig, erheitert, ärgerlich, zickig, schüchtern oder ernst.
- Probieren Sie unabhängig vom Inhalt des Textes verschiedene Sprechstile aus: den eines Sportreporters, einer Nachrichtensprecherin, eines Wahlredners, einer Märchenerzählerin und eines »Null Bock-Jugendlichen«.

»Eine faszinierende Erscheinung ist er allemal und physikalisch überaus interessant: der Regenbogen. Was ihn besonders rätselhaft macht, ist die Tatsache, dass er in Wirklichkeit gar nicht existiert: Er ist nur da, wenn man ihn sieht! Wenn ihn niemand sieht, existiert er nicht; er entsteht erst auf der Netzhaut und wird vom Auge in die Landschaft projiziert. Jeder Betrachter sieht somit seinen eigenen Regenbogen, sieht ihn sogar an einer anderen Stelle, wie wir noch genauer darlegen werden.«

aus: Josef Wittmann (2000): Physik in Wald und Flur. Aulis Verlag Deubner, S. 129

Lautstärke

Lautstärke wird oft durch Pressen und falschen Druckeinsatz erzeugt. Das kann auf die Stimme gehen. Sie reagiert mit Heiserkeit oder gar mit Versagen. Physiologisch erzeugte Lautstärke kommt durch Zunahme an Schwingungsintensität zustande. Es braucht Zeit zu lernen, einen Ton mit dem Kraftzentrum im unteren Bauch zu verbinden, dabei den Hals zu entlasten und der Stimme zur freien Entfaltung zu verhelfen. Die folgenden beiden Übungen können nur einen Einstieg in dieses komplexe Thema darstellen.

Übung

Stehen Sie hüftbreit, Becken locker, Gewicht mehr auf den Zehenballen als auf den Fersen, um den Bauch zu entspannen. Unterkiefer geöffnet. *Bild:* Sie stehen auf einem »Schüttelbrett«. Eine vom Boden kommende Welle erfasst den ganzen

Körper und schüttelt ihn durch. Auch die Stimme wird ergriffen und wackelt mit. Lassen Sie die Töne aus dem unteren Bauch kommen.

Übung mit Schwelltönen vom Piano zum Forte

Stellen Sie sich hüftbreit parallel in den »Kutschersitz«, den Po virtuell auf eine »Wolkenbank« setzend. Der Bauch ist locker, die Arme führen die Zügel. Sie beginnen mit einem leisen Piano auf /lo/ und lassen den Ton anschwellen, bis er kräftig und laut wird. Dabei verändern Sie den Vokal vom /lo/ zum /lo-a/. Die Arme sind zu Beginn seitlich am Körper und richten sich mit Zunahme der Lautstärke nach vorne auf zur »Zügelhaltung«. Arbeiten Sie mit dieser Übung in verschiedenen Tonhöhen.

Schritte zum erfolgreichen Referat 4.3

Vorbereitung: Die drei Schritte zum erfolgreichen Referat

Obwohl es simpel erscheint, ist es doch nicht für alle einfach, die folgenden drei Schritte auf dem Weg zu einem erfolgreichen Vortrag zu beachten:

1. Was will ich?
2. Was wollen meine Zuhörer?
3. Herausfinden, wie beide gewinnen können!

Diese drei Schritte bedeuten: Der Redner geht offen und ehrlich auf sich selbst, die Zuhörer und das Thema zu. Ziel dieser drei Schritte ist es, ein Bewusstsein für die eigenen Ziele, Wünsche und Ängste zu entwickeln.

Als Methode hierfür ist das *Denken auf Papier* sehr geeignet – das kann übrigens auch in anderen Situationen ein Wundermittel im Umgang mit den eigenen Ängsten und Glaubenssätzen sein! In der Regel reichen 10 bis 15 Minuten aus, bei noch ungeübten »Papier-Denkern« kann es anfänglich ein wenig länger dauern.

vgl. auch das Arbeitsblatt »Die Referatsvorbereitung im Überblick« → S. 119

Was will ich?

Was kann ein Redner alles wollen? Eine gute Note, angeben, glänzen, bewundert werden, dem eigenen Ärger Luft machen, andere zum Kauf motivieren, die Lebenseinstellung verändern oder eine Verhaltensänderung bei den Zuhörern bewirken, alles nur nicht rot werden, sich gut verkaufen, die Mitschüler/innen fürs Thema gewinnen, überzeugen, der eigenen Meinung Raum verschaffen, intelligent und kompetent wirken, einfach nur Aufmerksamkeit gewinnen, helfen, den eigenen Horizont erweitern, schleimen ...

Es ist das Schöne bei dieser »Bewusstseins-Übung«, dass alles erlaubt ist. Alle Ziele, Gedanken und Ängste des Redners sind hier willkommen und richtig. Sie bilden in der Folge eine solide Basis für eine gute Rede. Denn nur, wenn der Redner ein umfassendes Bewusstsein für seine Beweggründe erhält, kann er seine Rede auf die eigenen Ziele – und die der Zuhörer – ausrichten!

»Hundert Worte, die den Verstand beeindrucken, wirken nicht so tief wie ein einziges Wort, welches das Herz bewegt.« Tyde Monnier

Was wollen meine Zuhörer?

Gemeinsam mit dem üblichen Informationsgehalt existieren fünf Werte einer Rede, die für den Zuhörer äußerst wert-voll sind. Diese fünf Werte werden im Anschluss vorgestellt. Je mehr von ihnen in einem Vortrag stecken, desto begeisterter werden die Zuhörer sein und desto größer wird die Wirkung des Redners und/oder der Rede auf das Publikum sein.

Grundsätzlich gibt es aus Sicht der Zuhörer ein Zaubermittel, das permanent unauffällig mitschwingt: der *Nutzen*. Denn wenn sie das Angebotene brauchen können, zieht das Menschen an.

Herausfinden, wie beide gewinnen können!

Dieses Herausfinden geschieht im Normalfall automatisch während des gesamten Vorbereitungsprozesses. Immer wieder tauchen in Bezug auf die zuvor geklärten Fragen (Was will ich und was der Zuhörer?) Gedanken und Ideen auf, die die Entstehung einer ansprechenden Rede unterstützen. Je besser ich diese Bedürfnisse vor Augen habe, desto treffsicherer werden die Einfälle während der Inhaltssammlung, -strukturierung und Performance-Planung sein.

Um das Kernelement einer Rede möglichst treffsicher zu erfassen, helfen die altbekannten W-Fragen:

Wer ist beteiligt?
Worum geht es?
Was ist der Effekt/das Ziel des Themas?

ABSCHLUSS-KONTROLLFRAGE

- Fehlt dem Zuhörer etwas für das Verständnis, wenn er die Information nicht bekommt?

Tipp

**Für die Zuhörer ist das Gehörte neu. Zuhörer brauchen für die Thematik mehr Zeit als der Redner. Viel mehr! Es geht darum, das Gehörte anzunehmen, zu verstehen, zu verarbeiten und mit vorhandenem Wissen zu verknüpfen.
Ein Prozess, der dauert.**

Die fünf Werte eines Referats

Fünf Werte, die jeweils den Zuhörer – vielleicht auch nur unbewusst – ansprechen, sein Interesse und Wohlwollen wecken und deshalb im Vortrag vorhanden sein sollten:

1. Informations-Wert

Es geht um den wahrgenommenen Nutzen des einzelnen Zuhörers. *Anhand welcher Sachverhalte und Informationen können die Zuhörer einen direkten oder indirekten Nutzen erfahren?*

2. Unterhaltungs-Wert

Hier geht es um die Stellen der Erleichterung und Entspannung, Momente, die Humor innerhalb der Rede bedeuten könnten. *Welche Stellen in meinem Referat bieten mir die Möglichkeit, dem Humor Raum zu geben?* Das bedeutet nicht, um jeden Preis lustig sein zu müssen, sondern einfach nur die Möglichkeit des Schmunzelns oder Lachens bewusst zu berücksichtigen.

3. Neuigkeits-Wert

Hier wird bislang Unbekanntes vorgebracht, neue Informationen und Fakten werden geliefert oder Zusammenhänge aufgedeckt. *Welche der Informationen sind für meine Zuhörer vermutlich neu?*

4. Dramaturgie-Wert

Der Spannungsbogen spielt hier die Hauptrolle, das Erzeugen von Neugier, beispielsweise durch Andeuten eines Sachverhalts, der sich aber erst im Laufe des Referates endgültig darstellt, bzw. einer Lösung, die vom Redner erst noch entwickelt wird. *Wie bestimme ich die Abfolge meiner Darbietung? Welche Medien nutze ich wie geschickt, um beispielsweise Überraschungsmomente zu erzeugen?*

5. Imaginations-Wert

Das Ziel: Bilder oder sogar Filme in die Köpfe der Zuhörer zaubern! *Wie gut schaffe ich es zu visualisieren, z. B. durch Sprachbilder, Anschauungsmaterial oder den Einsatz von Medien?*

»Wenn Du ein Schiff bauen willst, so trommle nicht Männer zusammen, um Holz zu beschaffen, Werkzeuge vorzubereiten, Aufgaben zu vergeben und die Arbeit einzuteilen, sondern lehre die Männer die Sehnsucht nach dem weiten, endlosen Meer.«
Antoine de Saint-Exupéry

Zur Quantität

Viele Lehrer/innen erwarten von ihren Schüler/innen zu viel Input. Dabei entstehen gelegentlich Referate mit viel zu hohem Informationsgehalt (was nicht heißen soll, dass nicht manchmal auch das Gegenteil der Fall ist). Informationen, die über die Köpfe hinweggehen, bleiben nicht im Gedächtnis hängen – und die Zusammenhänge auf der Strecke!

Die Folgen sind bekannt und werden doch immer wieder ignoriert – nach dem Motto: »Hauptsache, ich habe möglichst alles behandelt!«

Maxime der Quantität
Erzählen Sie maximal 60 Prozent von dem, was Sie über das Thema wissen.
Wichtiger als viel zu wissen ist es, Wissen mit Freude zu erwerben!

Sie erinnern sich, dass es auch für Schauspieler eine keineswegs leichte Aufgabe ist, »einfach mal« über die Bühne zu gehen. Noch schwieriger ist es, einfach so im Rampenlicht zu stehen, ohne etwas Bestimmtes zu tun zu haben, und das länger als ein paar Sekunden. Es ist schier unmöglich, ohne merkwürdige Verdrehungen wechselnde Posen zu vollziehen, die Hände wandern von einer Tasche in die andere und Ähnliches.

Übung

Laden Sie die Klasse zu dieser Übung ein, die den Zweck hat, die eigene Präsenz im Unterricht oder bei einer Präsentation in den ersten Sekunden vor der Begrüßung zu trainieren. Jeder aus der Klasse soll einzeln nach vorne kommen, an diesen besonderen Ort, an dem »die Luft etwas dünner« ist als bei den anderen, und dort, wie vor Beginn eines Vortrags zehn Sekunden lang stehen, die Klasse ansehen und atmen, einfach den eigenen Atem spüren und sonst nichts – auch nichts sagen.

- Wer vorne steht, schätzt gefühlsmäßig zehn Sekunden ab und setzt sich danach einfach wieder auf seinen Platz.
- Keine feste Reihenfolge, sondern wer möchte, geht nach vorne.

Vor dem ersten »Auftritt« entsteht oft eine lange Pause – warten Sie ab, es wird schon jemand den Mut aufbringen, den Anfang zu machen.

Sie beobachten jede und jeden, der da vorne steht und seiner Unsicherheit Herr(in) zu werden sucht, ohne jede Wertung, höchstens mit jenem unmerklichen Nicken, das bedeutet »Okay, jetzt hast du es gemacht, und nun hat ein anderer die Gelegenheit«. Sie geben keinen Kommentar – und auch die Schüler/innen sollen sich daran halten. Ein unsicheres Lachen von da und dort wird sich nicht ganz vermeiden lassen. Das gehört dazu und muss von der vorne stehenden Person verkraftet werden.

Wenn alle vorn gewesen sind, gehen Sie selbst wieder in diese Ihre Position, setzen sich auf einen Stuhl (nicht erhöht, auf die Pultkante), fragen, wie es war und hören sich wertfrei nickend geduldig die Antworten an. Zuvor erklären Sie ein weiteres Ritual: Zuerst kommen diejenigen zu Wort, die etwas darüber sagen wollten, wie es für sie als »Zentralfigur da vorne« war und wie danach; danach fragen Sie nach den Erlebnissen des »Publikums« beim Betrachten derer, die vorne standen. Korrigieren Sie nur moderierend und sachlich etwaige abfällige Bewertungen, die Einzelne verletzen und die Übung in Misskredit bringen könnten. Der »Stil«, den Sie vorgeben, wird hier erfahrungsgemäß nachgeahmt.

Sie können vor der Übung darauf hinweisen, dass die natürlichste Position der Hände das freie, von der Gravitation vorbestimmte Hängen nach unten ist, auch wenn sich das etwas seltsam anfühle – damit Ihre Schüler/innen gleich etwas Konkretes richtig machen oder doch beachten können.

Bei diesen Rückmeldungen werden Sie hören, dass manche, denen man das gar nicht angesehen hat, es sehr schwierig fanden, vorne zu stehen, und andere, die angeblich »kein Problem« damit hatten, eher merkwürdig da standen. *Selbst- und Fremdeinschätzung* klaffen oft auseinander, weil eine ungeübte »Zentralfigur« noch keine realistische Haltung und Einstellung zu der neuen Situation bzw. Position hat und die Körpersignale noch deutlich – und ganz authentisch – das zeigen, was sie beschäftigt: Scham und Angst, sich zu blamieren, sowie die unterschiedlichen Impulse, dies zu kompensieren, etwa durch betont männlich-cooles Gehabe oder betont weibliche Sicherheitsstrategien:

- *Männlich-coole Gesten* sind z.B.: Hände cowboyartig im Gürtel eingehakt, Spielbein – Standbein (ein Bein angewinkelt), Grinsen, manchmal sogar »abwehrende« Stöße mit dem Kinn, fehlt nur noch die Zigarette ...
- *Weibliche Sicherheitsstrategien:* sachliche Distanz kombiniert mit koketten, verführerischen Elementen, die der Verlockung oder Besänftigung eines Stärkeren (hier der Gruppe) dienen und die man, wie der Verhaltensbiologe Desmond Morris sagt, nicht bei emanzipierten Frauen findet. »Es ist vielmehr die schmeichelnde, lockende Geste einer Frau, die die Rolle des ‚kleinen Mädchens' spielt, um den Widerstand eines Mannes zu brechen.« Desmond Morris (1981, S. 71) zufolge ist das Kopfneigen eine »Relikt-Geste, die aus der Zeit stammt, als man als Kind den Kopf an die Schulter der Mutter oder des Vaters legte, um dort Trost und Ruhe zu finden, oder aber Körperkontakt, Liebe und Zärtlichkeit.«

Die Botschaften der Zentralfigur

Viele in entsprechenden Ratgebern empfohlene Körpersignale sind entweder kaum steuerbar (Handbewegungen) oder eine Frage des Temperaments (Umhergehen statt Stillstehen). Zwei Elemente aber, die Haltung der Hände und der Stand, sind so aussagekräftig, dass es sich lohnt, sie besonders zu Beginn einer Darbietung auch dann zu beachten, wenn die entsprechende innere Haltung noch nicht etabliert ist.

Hände sind Sprechwerkzeuge – und mit dieser Parole sei ausgedrückt, dass Sie Ihren Händen beim Reden getrost vertrauen dürfen – sie bewegen sich eben, »wie ihnen der Schnabel gewachsen ist«. Andere Mentalitäten, andere Handbewegungen – eine moderne Rhetorik toleriert viele Arten zu gestikulieren. Mit ein paar Ausnahmen, ein paar Regeln, die es zu beherzigen gilt:

> Zu Beginn und am Ende einer öffentlichen Präsentation, was immer es sei, gilt: Hände natürlich fallen lassen – was die Schwerkraft ganz automatisch besorgt, wenn Sie nicht »dazwischenfunken«.

Und dann gibt es für einen Vortragenden noch ein paar »verbotene« Handhaltungen, die wir uns weiter unten im »Giftschrank der Gesten« ansehen werden (→ S. 80).

Ansonsten irren Hände bei Anfängern häufig ganz verzweifelt am Körper hin und her, werden eingehakt, eingeklemmt, auf den Rücken genommen, vorn geschlossen – man kann dabei zusehen, wie die Zentralfigur spürt, dass sich alles nicht richtig anfühlt.

Die meisten Anfänger in Sachen Zentralfigur stehen bei der 10-Sekunden-Übung mit Spielbein–Standbein, also einem angewinkelten Bein, was Lässigkeit signalisieren soll, zu Beginn einer Präsentation aber ganz anders »rüberkommt«, nämlich als Unsicherheit. Wieder begegnen wir der Diskrepanz zwischen der Perspektive der Zentralfigur und der der Gruppe, also der Schülerperspektive:

Objektive Tatsache:
Die Hände der Zentralfigur ruhen in den Hosentaschen

- *Bedeutung aus der Perspektive der Zentralfigur:* entspannt sein, angenehm dastehen, nicht fahrig wirken
- *Schülerperspektive:* »Der/die steht da ein bisschen zu privat herum, hat wohl unsaubere Fingernägel, verbirgt etwas.«

Objektive Tatsache:
Die Person steht mit einem angewinkelten Bein, das Gewicht ist auf das andere Bein verlagert (»Spielbein – Standbein«)

- *extreme Variante:* der Fuß des Spielbeins wippt auf und ab
- *Bedeutung aus der Perspektive der Zentralfigur:* »Ich bin cool, täuscht euch nicht, ich stehe zwar lässig da, aber wenn's drauf ankommt, reagiere ich blitzschnell aus der Hüfte ...« – es fühlt sich »irgendwie sicherer« an.
- *Schülerperspektive:* »Der/die will imponieren, fühlt sich wohl unsicher, macht auf Macho, ist offensichtlich nervös.«

Offenbar können die Geste, die doch Sicherheit spenden soll, und der Stand, der Coolness unterstreichen soll, die innere Befindlichkeit nicht nur nicht verbergen, sondern machen sie erst so richtig deutlich. Und das läuft dem Ziel einer Präsentation oder eines Schulunterrichts zuwider.

Für Anfang oder Schluss der Darbietung einer Zentralfigur empfiehlt es sich daher, die Hände locker an der Seite des Rumpfes ruhen zu lassen und das Gewicht gleichmäßig auf beide Beine zu verteilen. Das widerspricht aber häufig dem inneren Gefühl und den aufgeregten Impulsen, die einen »da vorn« überfluten. Daher sollte man diese Haltung – ausnahmsweise – als professionellen »technischen Trick« üben und gegen sein Gefühl anwenden. Es lohnt sich: In dieser äußeren Haltung gibt man nicht gleich im ersten Moment seine innersten Gefühle preis, sondern lenkt die Aufmerksamkeit auf die bevorstehende gemeinsame Sache. Und es funktioniert noch in einer anderen Hinsicht: Genau wie beim Autogenen Training wirkt die äußere Geste auf die innere Befindlichkeit zurück, und man wird tatsächlich ruhiger und kontrollierter.

Doch wie mit den Händen und Beinen umgehen, wenn man einmal so mitten drin, so richtig in Fahrt ist? Dann nützt kein Rat mehr, der auf äußere Zeichen und Haltungen baut. Dann lassen sich zu den vielfältigen Aufgaben nicht auch noch irgendwelche Körpersignale beachten, deren krampfhafte Kontrolle außerdem das ureigene normale, authentische und sympathische Verhalten steif und unglaubwürdig machen würde.

Ihr Auftritt sagt mehr als tausend Worte

Wenn Sie wunderbar geschlafen, ausgezeichnet gefrühstückt und ein paar warme, freundliche Worte am Morgen gehört haben, senden Sie allein durch die Art, wie Sie in den Unterricht gehen, Signale einer entspannten, selbstsicheren Haltung aus: Sie werden einen leicht federnden, leichtfüßigen Gang haben, der nur die hierfür notwendigsten Muskeln aktiviert.

Haben Sie aber die Nacht durchgemacht und können sich nun kaum konzentrieren, so wird man Ihnen das anmerken: an einem bemühten, kontrollierten Gang (der zur Bändigung der Müdigkeit mehr zusätzliche Kontrollmuskeln einsetzt), an einer überkonzentrierten Haltung, einem auffällig übertriebenen Hinhören, einem flackernden Blick – kurz, einem unausgewogenen Signalgemisch, das die verzweifelten Versuche widerspiegelt, die reale Übermüdung zu kompensieren. Denn Ihr Körper will eigentlich nur eines: raus hier und nach Hause, ins Bett. Dieser stille Hilferuf (»Bitte lasst mich alle in Ruhe!«) ist bei Ihrer Arbeit fehl am Platz, aber Ihr Bewusstsein kann ihn nicht völlig unterdrücken, weil er auf einem »unbewussten Kanal« gesendet wird. Und deshalb werden einzelne mimische Bewegungen und Unregelmäßigkeiten, vor allem aber das unstimmige Ganze ihrer Erscheinung Sie verraten.

Wir, Ihre Mitmenschen, decodieren Ihre Signale meist, ohne es zu bemerken, und haben es darin zu einer rätselhaften Meisterschaft gebracht: Alles, was seit Jahrmillionen unser physisches und soziales Überleben entscheidet, findet hier Ausdruck und Interpretation. Vor allem wollen wir wissen: Geht von Ihnen eine Gefahr aus? Sind Sie uns zugetan? Sind Sie auch zuverlässig? Sind Sie eine/r von uns? Anders gesagt: Wir filtern vor jedem weiteren Kontakt zwei Arten von Signalen heraus – solchen, die verraten, ob Sie uns gegenüber Zuneigung oder Gleichgültigkeit hegen, und solchen, die uns sagen, ob Sie uns bedrohen oder Angst vor uns haben.

Ihr Auftritt soll auch ohne große Worte vermitteln, dass Ihnen Ihre Arbeit gefällt und wichtig ist, dass Sie sich selbst und die Schüler/innen achten und ihnen die Gestaltung ihrer Lernrolle erleichtern wollen und so weiter – aber es muss glaubwürdig sein, und das vermag nur Ihre Körpersprache. Sie kann nicht lügen, außer Sie trainieren sich ein künstliches Äußeres an, das jeder leicht als Farce durchschauen würde. Die gesendeten Körpersignale drücken das aus, was Sie innerlich fühlen, denken und von der Situation halten.

Das Problem mit den uralten Signalen ist nun, dass sie zwar deutlich, aber auch mehrdeutig sind. Wenn Sie unter Druck stehen, wie das bei jeder wichtigen Erstbegegnung normal ist, senden Sie unweigerlich Angst- und Angriffssignale aus. Die Empfänger spüren Ihren Stress, wissen aber nicht, woher er kommt. Die Interpretation von Körpersignalen ist Glückssache, es gelten gewissermaßen die Regeln der Probabilistik: »Wahrscheinlich ist sie gefährlich, vielleicht beißt sie sogar – sicherheitshalber Abstand halten.« Diese Deutung Ihrer Stresssignale ist im Regelfall inadäquat, aber sie ist ein uraltes Erbe, das einst eine gewisse Überlebenswahrscheinlichkeit bot.

Wenn Sie jedoch entspannt sind, kann schon beim ersten Betreten der Klasse das Wesentliche Ihrer inneren Haltung aufblitzen: Wertschätzung für beide Seiten, gegenseitiger Respekt und Wohlwollen, Wärme, verbindliche Offenheit und Neugier. Zu viel, um es mit Worten zu sagen – aber nonverbal kein Problem.

Angenommen, Sie wollten eine Liste von Körpersignalen auswendig lernen, um all diese Tugenden auszudrücken – dann würde sie etwa so aussehen:

Wohlwollen	Lächeln mit den Augen, begleitet von einem unmerklichen Nicken
Offenheit	zugewandte Körperhaltung, Arme unverschränkt
Respekt	Einhalten eines – je nach Situation verschiedenen – Mindestabstands, um die Intimsphäre des Gegenübers nicht zu verletzen; gleiche Abstände zu allen
Verbindlichkeit	klare, eindeutige Körperhaltung und Bewegung, keine Schlenker oder Verdrehungen der Körperachse, die »blickenden Körperteile«[4] sehen in dieselbe Richtung
Selbstbewusstsein	aufrechte Haltung, gestreckter Nacken, klarer Blick, Kopf angehoben, Gewicht auf beide Beine verteilt; Füße spüren den Boden
Standfestigkeit	Gewicht auf beide Beine verteilt, Beine nicht zu eng, nicht zu weit auseinander
Entspanntheit	Atmung tief in den Unterbauch, Nacken- und Armmuskulatur ist fast völlig entspannt; Schwerpunkt ruht hinter der Nabelgegend
Gelassenheit	Pause beim Gespräch, um nachzudenken, auf den anderen einzugehen und Fragen zu stellen; fließende, nicht abrupte Körperbewegungen
Ruhe	Gewicht gleichmäßig auf die Beine verteilt, ruhige Atmung; vor einer Antwort abwarten; »Vordenken von Bewegungen«[5]

Unnötig anzumerken, dass es unmöglich ist, diese noch sehr bruchstückhafte Liste in der Praxis bewusst zu kontrollieren, um den gewünschten Effekt zu erzielen. Wir müssen daher über einen Umweg an die Sache herangehen.

Einstellung statt Signalkontrolle

Das Theater kennt für die »ersten Momente« wunderschöne Beispiele, die zeigen, wie schwer die leichtesten Dinge sind. »Ach, gehen Sie doch einfach mal über die Bühne!«, lautet eine hinterhältige Regieanweisung. Der ungelernte Schauspieler geht ahnungslos über die Bühne und versucht, gut zu sein – zu wirken. Da er nicht weiß, was das soll, verrät seine äußere Bewegungsform das, was ihn innerlich be-

4 »*Blickende Körperteile*« sind solche, von denen ein anderer sich »angeschaut«, gemeint fühlt, sobald man sie ihm zuwendet – Gesicht, Brust, Hüfte, Handflächen, Fußflächen, Oberschenkelvorderseiten.

5 »*Vordenken von Bewegungen*«: Bei gewissen Theaterübungen stellt man sich eine körperliche Bewegung zunächst mental vor und führt sie erst durch, wenn man sie en détail im Kopf hat. So wird der Bewegungsfluss klarer, entschiedener, ruhiger und spannender, weil alle Zweifel an der Richtigkeit dieser Bewegung im Voraus imaginativ »geglättet« wurden und eine gewisse entspannte Entschlossenheit die Bewegung prägt.

schäftigt. Er denkt daran, wie man sich richtig bewegt, und diesen Gedanken sieht man: Man sieht einen, der damit beschäftigt ist, sich richtig zu bewegen, etwas richtig zu machen. Mit anderen Worten: Man sieht einen, der gut, richtig, erfolgreich und sicher *sein will.* Man sieht aber nicht einen, der gut, richtig, erfolgreich und sicher *ist.* Die Folge ist, dass sich fast jeder Mensch, wenn er dieser Regieanweisung folgt, linkisch und unsicher verhält.

Was macht ein guter, gelernter Schauspieler tatsächlich in einem solchen Fall? Ganz einfach – und doch so schwierig, dass man dafür mindestens drei Jahre Ausbildung und noch viel mehr Übung und Erfahrung benötigt: Er führt eine selbst erdachte Aufgabe durch. Er bewegt sich im Rahmen einer bestimmten Handlung, mit einem bestimmten Ziel, vor einem bestimmten Zuschauer und in einer bestimmten Rolle. Sein Eingebundensein in diese »Aufgabe« macht es ganz unmöglich, dass er gleichzeitig auch noch an seine Nervosität denkt oder darum besorgt ist, wie er jetzt gerade aussehen mag. Er hat gelernt – und das ist das Schwierigste –, sich auf eine Aufgabe zu konzentrieren.

Damit, dass die Aufgabe *selbst erdacht* ist, hat es aber eine besondere Bewandtnis: Die Regieanweisung kann nämlich leicht als etwas gedeutet werden, das die Kommunikationspsychologie als »paradoxe Aufforderung« entlarvt hat: Der Schauspieler soll spontan gehen, so als ginge er freiwillig irgendwo auf und ab. Das ist so ähnlich, als würden Sie einem Kollegen raten: »Du musst dich durchsetzen!«. Befolgt er die Anweisung, so handelt er per definitionem nicht mehr spontan. Die Freiwilligkeit kann der Schauspieler bzw. der Kollege nur erfüllen, indem er sich weigert, über die Bühne zu gehen bzw. sich durchzusetzen. Er kann der Aufforderung »spontan über die Bühne gehen« bzw. »Herr im Hause sein« nicht gerecht werden, weil das lähmende Gift der Paradoxie bereits in der Anweisung steckt. Sie ist, logisch gesehen, unlösbar.

Fast – denn dem Schauspieler bleibt, wenn er all dies gedanklich oder intuitiv durchschaut hat, doch eine Lösung: Er geht missmutig über die Bühne, denn er kommt sich »vergackeiert« vor. Das ist in der Tat eine schauspielerisch richtige Lösung, denn er verhält sich spontan seiner inneren Einstellung gemäß, weil er die Aufgabe nach eigenem Ermessen umgedeutet hat. Schade nur für Ihren Kollegen in der Schule: Der purzelt kopfüber in die Paradoxie, denn die »missmutige« Variante verbietet sich – sie ist mit den anderen pädagogischen Führungsaufgaben inkompatibel. Vor diesem Hintergrund lässt sich manches Verhalten von Schüler/innen (und Lehrkräften) als »richtige« falsche Lösung im Sinne einer unlösbaren Aufforderung deuten.

Körpersprachlich verhält sich ein Mensch spontan so, wie es seiner inneren Einstellung zu einer bestimmten Aufgabe in einer bestimmten Situation entspricht. Wenn ich bei meinem Auftritt – als Schauspieler oder vor der Klasse – nicht weiß, wie ich über die Bühne gehen soll, welche genauen Bewegungen und Körpersignale gewünscht werden, und wenn es mir aufgrund der Komplexität der Situation unmöglich ist, alle verfügbaren Körpersignale kontrolliert einzusetzen, bleibt mir nur das Vertrauen in meine Intuition. Gewinnt der Schauspieler aber eine innere Einstellung zu der Aufgabe »Gehen Sie mal über die Bühne«, so kommt die effiziente, »richtige« Körpersprache von selbst zustande. Und wenn Sie sich vor dem Betreten einer Klasse, besonders aber vor dem Erstkontakt, eine geeignete »Aufgabe« und Einstellung zurechtlegen, werden Sie automatisch die passenden Körpersignale produzieren – die »richtige« Körpersprache fließt dann gewissermaßen aus Ihnen heraus.

Im Gegensatz zur gängigen Lehrerausbildung lernen Schauspieler traditionell in ihrer Ausbildung, woran man soziale Dominanz, hohen und niederen sozialen Status, Gewinner und Verlierer, Kooperationsbereitschaft, Sympathie, Wärme, Verliebtheit und so weiter erkennt und wie man sie ausdrückt – so ähnlich wie in der Liste oben. Doch spätestens in einer Theaterprobe werden, um das Unglaubwürdige einer rein äußerlichen Rollenführung zu vermeiden, heutzutage nicht mehr Gänge und Gesten vorgegeben, sondern innere Haltungen und Einstellungen in definierten Situationen erarbeitet. Wenn Körper und Atmosphäre entspannt sind, zeigt sich der innere Zustand automatisch an der Körperhaltung und den begleitenden Gesten und Gesichtsausdrücken.

Auch in der Unterrichtssituation folgen äußere Gesten – Entspanntheit vorausgesetzt – spontan der inneren Haltung und aktuellen Einstellung. Dann – und nur dann – sind sie *authentisch*: originell, klar und stimmig. Jede oberflächliche Manipulation an der subtilen Sprache der Körpersignale verzerrt das Muster. Man merkt, dass etwas nicht stimmt, dass Sie »verstimmt« sind.

Etablierung der inneren Haltung »Wertschätzung«

Wie man sich leicht vorstellen kann, nützt es wenig, sich eine Haltung moralisch »einzureden«. Man kann sie auch nicht durch oberflächlichen Einsatz bestimmter Körpersignale herstellen – diese ergeben sich vielmehr umgekehrt ganz natürlich aus Ihrer Einstellung, wenn Ihr Körper entspannt ist. Wenn Sie aber unter Druck stehen, sind die folgenden Elemente zumindest hilfreich und können zur Not »künstlich« eingesetzt werden.

Um die Haltung »Wertschätzung« zu etablieren, arbeitet man am besten mit einer konkreten Aufgabe, die diese Haltung gleichsam »versinnbildlicht«.

Der Schauspieler, der »interessant« über die Bühne gehen sollte, könnte sich vornehmen, die Bühnenbreite mit exakt zwölf Schritten zu überqueren. Mit dieser spielerischen Aufgabe wirkt er konzentriert und absichtsvoll, und das ist es, was ein Regisseur sehen will: die sogenannte Intention. Der Zuschauer wird sie dann auf seine Weise interpretieren (zum Beispiel »Er hat etwas vor«), er empfängt deutliche Körpersignale, deren wahre Ursache er aber, wie wir gesehen haben, nicht eindeutig bestimmen kann.

Sie könnten sich zum Beispiel vorstellen, jedem Einzelnen in Ihrem Publikum – den Schüler/innen – ein Geschenk zu überreichen. Sie werden es vielleicht nicht glauben, aber wenn Sie diesen Gedanken wirklich denken, wenn Sie sich wirklich überlegen, wem Sie jetzt gleich welches Geschenk machen wollen, dann wird es Ihnen unmöglich, unsympathisch oder gelangweilt den Klassenraum zu betreten oder Ihre Schüler/innen zu ignorieren.

Diese Aufgabe würde die Haltung des Gebens, des Mitbringens, der Wertschätzung herstellen und zugleich Ihren höheren Status und damit Ihre Autorität festigen – denn Sie schenken nicht aus Dienstbarkeit, sondern freiwillig, aus der sozial

»höheren« Position der Souveränität heraus. Wichtig ist nur, dass Sie sich die Aufgabe immer wieder in Erinnerung rufen – wie ein Schauspieler, der einen Blinden spielt und nie vergessen darf, dass er äußerst empfänglich ist für die leisesten Geräusche.

Die Signale des Körpers 4.5

Körpersignale, die Wertschätzung anzeigen

Aus der Haltung ergibt sich die nötige Einstellung zum Publikum in der konkreten Situation fast von selbst. Dennoch gibt es ein paar Körpersignale, die schon als äußerlich eingesetzte Zeichen sehr geeignet sind, Wertschätzung zu vermitteln:

Sich pünktlich präsent zeigen …

bedeutet für Ihre Schüler/innen – auch wenn sie angeblich nicht viel davon halten –, dass sie Ihnen diese formale »Nebensächlichkeit« wert sind.

Zugewandte, offene Körperhaltung

Wenn Sie gerne die Arme verschränken, tun Sie das wahrscheinlich, weil es angenehm und bequem ist. Aus der Publikumsperspektive kann das aber wie Abschottung, Grenzziehung oder Furcht vor Nähe wirken – so als hätten Sie etwas zu verbergen. Der Grund liegt in der uralten früheren Bedeutung dieser Bewegung, die einst Brustkorb und Bauch schützte und unbewusst noch immer als Schutzgeste decodiert wird. Unterschwellig könnte wahrgenommen werden: Verschränkte Arme sollen Autorität vorschützen, wo sie in Gefahr ist.

»Mit dem nackten Finger auf angezogene Leute zeigen« …

ist eine Unart. Wer mit dem Finger auf einzelne Schüler/innen zeigt, tut zwar nichts »Unanständiges«. Dennoch würde diese Geste in einem Vortrag vor Erwachsenen als befremdend oder penetrant empfunden. Der Schluss liegt nahe, dass Schüler/innen offenbar noch nicht so respektiert werden wie Erwachsene. Deshalb ist es sinnvoll, diese Geste durch ein *Signal mit der offenen Hand* zu ersetzen.

Hinhören und Mitnicken …

sind keine »bestrafenden«, sondern fast immer »belohnende« Signale – ein unmerkliches Mitbewegen. Diese Spiegelung der vielleicht nur allmählich gelingenden Aktion, bei der die Schülerin oder der Schüler noch nach Worten sucht, ist eine Art nonverbaler Mäeutik – »Hebammenkunst« im wahrsten Sinne des Wortes. So wie Sokrates es mit seiner Fragemethode geschafft hat, das Wissen aus den Köpfen seiner Schüler »hervorzuholen«.

Augenkontakt oder Blickkontakt mit einem Lächeln zu verbinden ...

tut der gesamten Unterrichtsatmosphäre gut und verbindet. Lächeln gewinnt im Unterbewusstsein immer, denn besonders Kinder wünschen sich nichts sehnlicher, als möglichst oft angelächelt und dadurch in ihrem So-Sein als Richtig-Sein bestätigt zu werden.

Im Giftschrank der Gesten: Körpersignale, die zu vermeiden sind

Um es gleich zu sagen: Was Sie als Lehrer/in während des Unterrichtens mit Ihren Händen machen, ist mit hoher Wahrscheinlichkeit völlig in Ordnung. Das ist die gute Nachricht. Die schlechte ist, dass man ein paar Gesten dennoch besser in den »Giftschrank« stellt, weil sie von Schüler/innen traditionell missverstanden, ja zur allgemeinen Belustigung auf Strichlisten mitgezählt oder gar heimlich mit dem Handy aufgenommen werden.

Diese »Giftliste« gilt auch allgemein für Präsentationen und Vorträge – mit dem Unterschied allerdings, dass Ihnen dort normalerweise niemand Rückmeldungen gibt, so wie Schüler/innen das in unschlagbarer Direktheit zu tun pflegen. Hier einige »verbotene« oder problematische Handbewegungen und -positionen, zu denen manche Lehrkräfte im Eifer des Unterrichtens tendieren:

Der Django-Gürtelgriff

= der oder die Daumen im Gürtel eingehakt. Mögliche Bedeutung aus der Schülerperspektive: Schwächung des sozialen Status, weil diese Geste jugendlichen Westernhelden vorbehalten ist, die eben ihr Pferd abgesattelt haben.

Der Kommiss-Hüftgriff

= beide Hände (eine wäre gerade noch akzeptabel) in Kasernenhofmanier in die Hüften gestützt, im Extremfall von gespreizten Beinen begleitet. Recht bequem für manchen Lehrer, aus der Schülerperspektive aber »hochgiftig«: eine unmissverständlich aggressive Protzgeste, die an einen Aufseher erinnert und Ihre natürliche Autorität untergräbt.

Der Zeigefinger

Eine fast instinktive Verbindung besteht zwischen dem Wort Pädagogik und dem Körperteil Zeigefinger. Sei es der drohende Zeigefinger, der Körperstrafe signalisiert, oder der auffordernde Zeigefinger wie bei Uncle Sam auf dem legendären US-Plakat »I want you for U. S. Army« – hier wird der Zeigefinger zur Pistole.

»Hand in Hand«

- Eine Hand, mittig unter dem Bauch, wird von der anderen am Handgelenk gehalten. Eine Haltung, die von Schüler/innen gerne zu Satirezwecken notiert wird.
- Das Gleiche gilt für die *Brunnenhände*, wenn beide Hände zu einer Art Brunnen oder Aschenbecher geformt zu tief vor dem Bauch ruhen oder wippen.

»Kopf und Hand«

- Das Berühren des eigenen Gesichts, das Streicheln von Kinn, Wangen und Lippen mit den Fingern – eine spontane harmlose Geste, die in exzessiver Form aber als das gedeutet wird, was sie psychologisch gesehen wohl ist: ein Signal der Sehnsucht nach Zärtlichkeit und Zuwendung dem eigenen Körper gegenüber. Selbst wenn das nichts Beschämendes ist, so ist diese Selbstbotschaft nicht mit der Haltung einer Zentralfigur kompatibel: Die Geste wird von Schülerseite verhaltensbiologisch korrekt als In-sich-Gehen gedeutet, was Schüler/innen einem auf Dauer übel nehmen, weil die Zentralfigur damit grundsätzlich gegen ihr »Rollenskript« als Führungsperson verstößt. Aus Sicht der Gruppe ist der Lehrer nicht für sich, sondern für die Gruppe da.
- Poetisch ist sie vielleicht, die Hand, die über die eigenen Haare streichelt – aber als Dauergeste ein Signal der Beschäftigung mit sich selbst. Sie wird unterschwellig als »Selbstverliebtheit« wahrgenommen und verspottet.

Die »zulässigen Gesten«

Ja, Gruppen sind strenge Meister! Aber es gibt auch schöne, kräftige, witzige und »zulässige« Gesten wie die sogenannten *Taktstocksignale*, jene Handbewegungen, die sprechbegleitend in der Luft vollführt werden und aus der Sprecherperspektive etwa bedeuten: »Das und das möchte ich sagen und betonen.« Besonders eindrucksvoll sind darunter die *Präzisionsgesten im Leerlauf*, also Hand- und Fingerhaltungen zum präzisen Ergreifen eines Gegenstands, nur eben imaginär. Typischerweise werden dabei die fast zum Kreis geschlossenen Finger nach unten oder oben gehalten, sodass die Hand eine Art Geldbörse zu umschließen scheint, weswegen diese Geste auch *Handbörse* genannt wird. Eine weitere anmutige Gestik sind die verschiedenen *Dirigentenhände*, mit denen der Redende in der Luft gleichsam die Musik seiner Worte dirigiert. Interessanterweise tut er das auch, wenn gar niemand zusieht, etwa bei einem erregten Telefongespräch.

Wer an die eigenen Lehrer/innen zurückdenkt, erinnert sich an Körperbewegungen, die einige Pauker unsterblich gemacht haben. Etwa die auf einem Bein wippenden oder die angriffslustig, aber bereits sehr gefährdet mit den Händen auf einer Stuhl- oder Tischkante schaukelnden Lehrkräfte, die einen an den letzten Besuch im Zoo erinnern und und und …

Gut beraten ist, wer seine inneren nervösen, draufgängerischen oder narzisstischen Impulse nicht ganz ungeschützt loslässt, sondern ihnen einen Haltungs- und Einstellungsfilter in den Weg legt. Dann muss man nicht fortwährend seine Gesten bedenken, sondern verhält sich automatisch »richtig«, seiner inneren Einstellung entsprechend.

Eine Geste soll noch erwähnt sein: das notorische und von Schüler/innen gehasste *Kopfschütteln*, während gerade ein Schüler seine Formulierung sucht. Es soll (Lehrerperspektive!) eigentlich nur den eigenen, korrigierenden Gedanken der Lehrkraft begleiten und vorbereiten helfen – vor allem, wenn man ohnehin wiederholt in unangenehme Dispute mit Schüler/innen verstrickt wird. Aus der Schülerperspektive heißt es schlicht: »Du kannst jetzt sagen, was du willst, du hast

Unrecht. Außerdem bin ich an deiner Meinung jetzt nicht interessiert.« Mit dieser Deutung dürfte die Schülerperspektive gar nicht so falsch liegen: Wenn Sie, noch während der andere spricht, bereits den Kopf schütteln, ist das ein verräterisches Indiz, dass Sie schon zu wissen glauben, was er oder sie sagen wird – ein Killersignal, das Kommunikation blockiert.

Die Zentralfigur hat so viel Macht, dass schon ein subtiles, kaum sichtbares Kopfschütteln geeignet ist, den anderen aus der inneren Fassung zu bringen. Die Folge ist, dass der Schüler gekränkt wird, weil er spürt, dass ein Mächtiger ihn de facto mundtot gemacht hat. *Kopfschütteln ist Gift für die Motivation!*

Eine Lehrkraft, die einerseits ihren Status und ihre Autorität als Zentralfigur wahrt und andererseits den »Gruppenmitgliedern« gegenüber souverän, zuvorkommend, hilfreich, streng im Anspruch, aber nie kränkend begegnet, dürfte auch deutlich weniger Disziplinschwierigkeiten haben.

Kleine Anleitung zum Missverstehen typischer Schülersignale

Es gibt eine Reihe von Körpersignalen, die durch das traditionelle frontale Unterrichts-Setting geradezu produziert – und klassisch missverstanden werden:

Lässig zurückgelehnt, Beine ausgestreckt

Wenn Schüler/innen lässig zurückgelehnt mit ausgestreckten Beinen auf der vorderen Stuhlkante sitzen, wirkt das auf eine vorn stehende aktive Person oft wie arrogantes Desinteresse – für den Schüler kann diese Sitzhaltung aber einfach nur bequem und entspannend sein und nichts weiter bedeuten, zumal einen unbequeme Stühle zuweilen unwillkürlich in diese Haltung »rutschen« lassen.

Unbewusst signalisieren Schüler/innen mit dieser Haltung aber ein Rollenverständnis: Der Unterricht, die Darbietung der Lehrkraft wird wie eine »Show« konsumiert, betrachtet, beobachtet oder kritisch begutachtet – aber nicht aktiv mitgestaltet.

Viele Studenten sitzen so in Vorlesungen, wenn die Geometrie des Hörsaals es erlaubt – man »hört« eben zu. Auch in Vorträgen und im Theater würden die Leute so dasitzen, wenn nicht der dort geltende Benimmcode ein einigermaßen aufrechtes Sitzen vorschriebe – denn im dunklen Kino tun sie es, sofern genügend Platz zur Verfügung steht, und legen sogar noch die Beine hoch.

Auf die Hand gestützter Kopf

Der müde auf die Hand gestützte Kopf, allgemein eine zusammengesunkene Körperhaltung, ist zunächst ein rein mechanischer Vorgang, Folge von Müdigkeit oder Erschöpfung oder einfach eine bequeme Art des Zuhörens – Kinder kauern oft in dieser Stellung, während sie zugleich mit höchster Aufmerksamkeit zum Beispiel einer Gespenstergeschichte lauschen. Mancher Lehrer hält dies aber für ein untrügliches Signal von Langeweile – was es hin und wieder ja auch sein mag.

Kaugummikauen

Kaugummikauen kann als Geste Ausdruck einer »Du-bist-mir-egal«-Haltung sein: »Ich tue, was mir schmeckt, was mir gefällt.« Allerdings kann auch das Kaugummikauen missverstanden werden, wenn es nur aus Gedankenlosigkeit geschieht, aber in dieser Richtung gedeutet wird. Vor diesem Hintergrund wirken auch Hinweise auf eine »wissenschaftlich erwiesene Aktivierung der Hirnfunktion« und Ähnliches eher ironisch.

Die Kraft der Rolle als Zentralfigur | 4.6

Wenn Sie die aktive Mitarbeit Ihrer Schüler/innen wollen, sollten Sie nicht mahnend Mitarbeit einklagen, sondern auf die Kraft Ihrer eigenen Rolle als Zentralfigur vertrauen und das gewünschte Verhalten durch ein geeignetes Set eigener Körpersignale suggerieren. Wenn Sie auf der einen Seite unangreifbare Dominanz signalisieren und auf der anderen leicht konsumierbaren, perfekt aufbereiteten Stoff anbieten, dann bieten Sie damit die Rollenverteilung Entertainer/Zuschauer an, die die Schüler/innen nur noch annehmen müssen.

Schweigen, Pausen, Fragen, schwer lösbare Probleme, aber auch absichtliche Widersprüche sind besser geeignet, Schüler/innen zu eigenen Vorschlägen zu bewegen – vorausgesetzt, sie haben die Erfahrung gemacht, dass ein solcher Rollenwechsel mit zum »Spiel« gehört und erlaubt ist. Der wehleidige Appell »Bitte arbeitet jetzt mal ein bisschen mit!« macht dagegen alles nur noch schlimmer.

Unterricht als »gemeinschaftliches Werk«!

Haben Sie schon einmal drei Minuten lang vor der Klasse nur geschwiegen? Falls die Beziehung zwischen Ihnen und der Klasse einigermaßen in Ordnung ist, bewirkt das Neugier, Lachen und Fragen – genau das also, was Sie für die aktive Mitarbeit benötigen. Jetzt fehlt nur noch ein Problem, zu dem die Schüler/innen ihre Meinung und ihre Vorschläge in die Waagschale werfen können. Ein vorübergehender Verzicht, ein Innehalten, kann bereits bewirken, dass der Druck abfällt, gegen den Schüler/innen häufig unbewusst durch Verstummen rebellieren. Dazu kommt eine »Definition« von Unterricht als gemeinschaftlichem Werk, das oft ohne Worte gelingt.

Der Theaterpädagoge Konstantin Stanislawskij hat seinen Schauspielern unablässig Fragen über die Beweggründe ihrer Figuren gestellt und sie auf Widersprüche hingewiesen, bis eine stimmige und lebensechte »Figurenbiografie« entwickelt war. Je mehr Details man über etwas kennt, desto mehr interessiert man sich dafür – es wird dann nie langweilig. Nur Oberflächliches, Austauschbares erzeugt Langeweile. Körpersignale, die das Besondere, ja Geheimnisvolle einer Person, eines Sachverhalts oder einer Erkenntnis andeuten, machen auch den langweiligsten Stoff zum Ereignis: unverwechselbar und erlebenswert.

16

Fünf Basisübungen zum »Stimm-fit« (FBS)

1	Sich dehnen, strecken und mit Stimmeinsatz gähnen.
2	Sich abklopfen. Dabei von oben nach unten zuerst gleitende Summ-, dann Vokal- und darauf genüsslich kauende »mnjam, mnjom, mnjam«-Töne.
3	*»Alltagsfetzen«* – kleine nonverbale, melodiöse Stimmbemerkungen: »ooohh« (Erstaunen), »heeyy« (Freude), »hmm«, »ohhh« (Mitfühlen), »hhhh?« (unhöfliche Frageform), »hhhhh« (Null-Bock).
4	Langsam in die Rumpfbeuge (Oberkörper vornüber hängen), Kopf hängend Grimassen schneiden und »vertonen«, dabei Zunge und Unterkiefer lockern. Danach Wirbel für Wirbel langsam wieder hoch.
5	*»Mit einem Korken Zeitung lesen«:* Einen Korken mit den Schneidezähnen festhaltend, deutlich artikulierend laut lesen.

Erklärungen

zu 1	Der ganze Körper ist Instrument für unsere Stimme. Wir lockern und wecken ihn für den Klang.
zu 2	Durch das Abklopfen regen wir den Gasaustausch in den Lungenbläschen an. Unsere Atemwege sind mit Schleimhaut und feinen Flimmerhärchen ausgestattet. Die kleinen Klopf-Erschütterungen wirken schleimlösend. Durch gleitendes Summen und Tönen schließen wir Resonanzräume auf, die unsere Stimme tragfähiger werden lassen.
zu 3	Diese kleinen unaufwendigen, ohne Nachdruck gesprochenen Alltagsfloskeln wirken aufwärmend; bei Stimmermüdung wirken sie regenerierend.
zu 4	Wir sind oft mit Verspannungen im Schulter- und Nackenbereich geplagt. Der Kehlkopf in unmittelbarer Nachbarschaft ist mit seiner Aufhängemuskulatur Leidtragender. Im Hängen lockern wir die zum Sprechen wichtige Muskulatur. Sie wird leitfähiger für Schwingung.
zu 5	Dies ist eine altbewährte Sprechübung für Schauspieler. Sie holt den Stimmsitz nach vorne. Die Sprache wird prägnant und deutlich. Das Sprechen wird unaufwendiger.

17 Der Wattebausch-Test

Für dieses lustige Aussprache-Training bekommt jeder einen »Hauch« von Wattebausch – also kein Wattekügelchen. Mit dieser Art »Pusteblume« geht's ans Werk!

Prüfe mit dem Wattebausch, ob das Wort ein b oder p, ein d oder t, ein g oder k enthält. Lege den Wattebausch vor dich auf den Tisch, halte deinen Mund ganz nahe daran und sprich:

Schei-**b**e / Lum-**p**en • Er-**d**e / Här-**t**e • lü-**g**en / mer-**k**en

Merkst du den Unterschied? Mache den Wattebausch-Test mit den folgenden Wörtern. Kreuze an, was mit dem Wattebausch passiert.

	b oder p?			**d oder t?**			**g oder k?**	
	Watte bleibt liegen, also b	Watte rollt weg, also p		Watte bleibt liegen, also d	Watte rollt weg, also t		Watte bleibt liegen, also g	Watte rollt weg, also k
Lo_ (lo-_en)	❑	❑	die Wan_ (Wän_e)	❑	❑	der We_ (We_e)	❑	❑
Kal_ (Käl_er)	❑	❑	bun_ (bun_er)	❑	❑	das Wer_ (Wer_e)	❑	❑
Lu_e	❑	❑	er schrei_	❑	❑	der Ber_	❑	❑
Lam_e	❑	❑	das Zel_	❑	❑	klu_	❑	❑
sie ho_en	❑	❑	har_	❑	❑	der Ha_en	❑	❑
sie hu_en	❑	❑	das Pfer_	❑	❑	er erschra_	❑	❑
sie blei_en	❑	❑	brei_	❑	❑	die Waa_e	❑	❑

Eine andere Trainingsmöglichkeit, sich um eine klare Aussprache zu bemühen, bietet ein Weinkorken: Versuche, einen Text oder ein Gedicht mit einem Korken zwischen den Zähnen laut vorzulesen. Auch Schauspieler üben so!

5 Stichwortzettel und Visualisierung

Wörter notieren und in Bildern sprechen

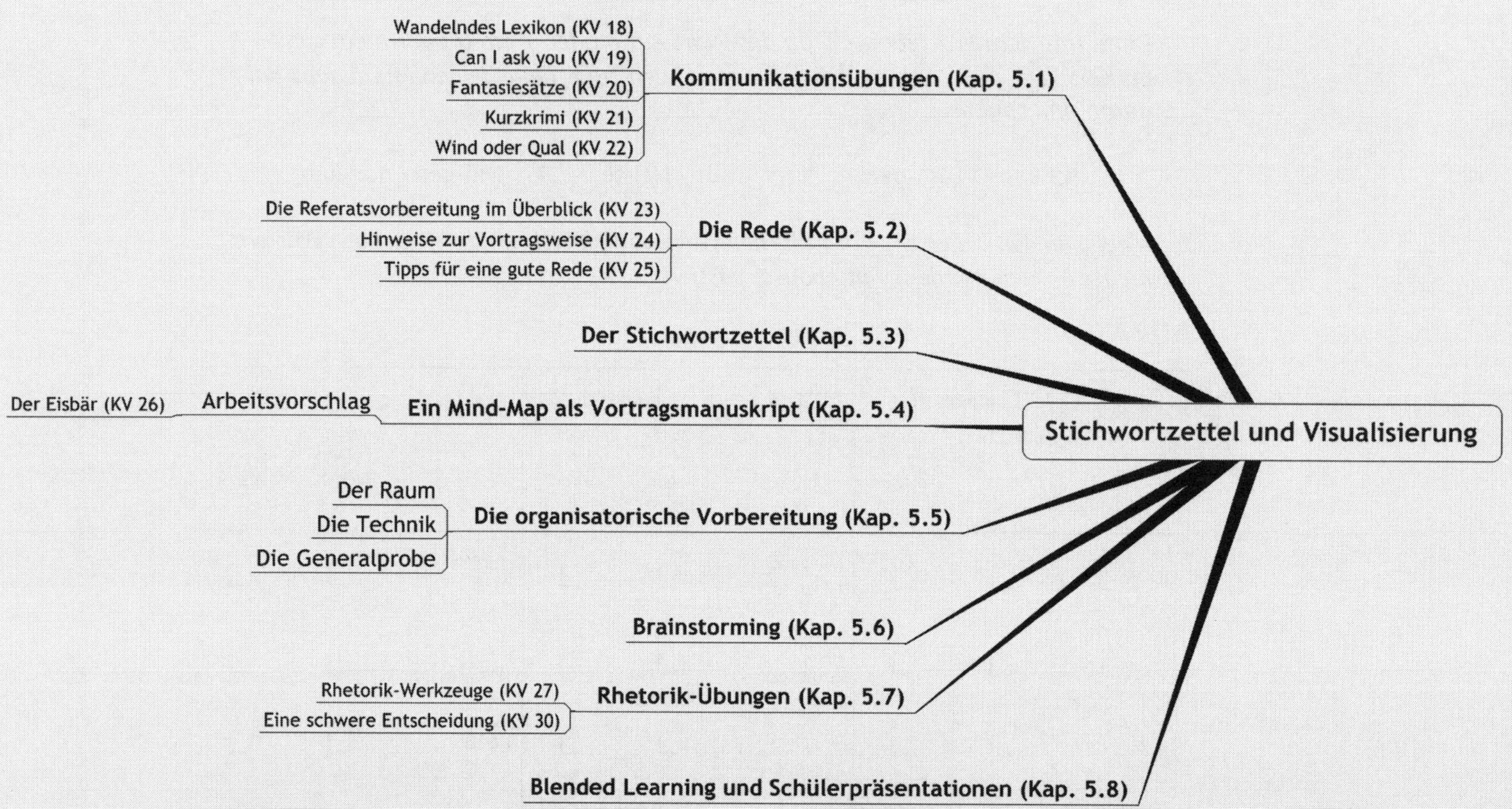

5.1 Kommunikationsübungen

Eine gute Rede lebt von einer bildhaften Sprache. Eine gute Präsentation lebt von Bildern. Visualisierung setzt auf Fantasie und Kreativität. Das lässt sich üben. Selbst Spontaneität setzt Übung voraus. Deshalb führt der Weg zu einer gelungenen Visualisierung über eine intensive Vorbereitungszeit mit vielen Facetten. Dazu gehören kleine Kommunikationsübungen mit dem Klären von Begriffen, der Gedankenaustausch mit Fragetechnik oder das Spielen mit Wörtern, aus denen Bilder werden.

Zur Vorbereitung der ersten fünf Übungen mit Memory-Karten kopieren Sie die vier Vorlagen (→ S. 111 ff.) und kleben Sie jedes Blatt mit seiner Rückseite so zusammen, dass z. B. der Begriff »Appell« mit der Rückseite »Aufruf, Mahnruf« zusammenpasst. Es wäre sehr praktisch, wenn Sie das Doppelblatt laminieren könnten. Das Produkt zerschneiden Sie in 32 Wortkärtchen. Jeder Schüler bekommt ein oder zwei Kärtchen, lernt die Bedeutung dieses Fremdworts und tauscht es mit einem Mitschüler gegen ein neues aus. So lernen und tauschen alle möglichst viele Kärtchen.

111 KV 18: Wandelndes Lexikon

Wandelndes Lexikon

Nach dem Zufallsprinzip werden Begriffe verteilt. Jeder Schüler soll über seinen Begriff ein Mini-Referat halten. Zur Einstimmung darauf lassen sich mit den folgenden Übungen verschiedene Gesprächssituationen und Sprechanlässe schaffen.

Gruppenquiz

Die Schüler/innen bilden zwei Mannschaften. Sie ziehen Kärtchen und fragen die Mannschaften im Wechsel nach der Bedeutung. Wer die Lösung weiß, bekommt das Kärtchen.

Wende-Memory

Für diese Übung benötigen Sie zwei oder drei Exemplare des Kärtchensets. Die Schüler/innen bilden Tischgruppen zu dritt oder viert. Jede Gruppe bekommt 10 bis 15 Kärtchen und verteilt diese so auf dem Tisch, dass die Vorder- oder Rückseite zufällig oben oder unten liegt.

Die Schüler/innen spielen reihum. Wer an der Reihe ist, sucht sich ein Kärtchen aus, mit dem er anfängt, und muss sagen, was auf der Rückseite steht. Ist die Antwort richtig, wird das Kärtchen gewendet, bleibt also im Spiel. So macht er weiter, bis er einen Fehler macht. Wer schafft die meisten »Wendemanöver« in einem Durchgang?

Verschenkaktion

Hierbei sollen die Schüler/innen keine Kärtchen sammeln, sondern möglichst viele abgeben. Jeder bekommt zunächst zwei oder drei Kärtchen. Damit sucht er sich einen Tauschpartner. Die beiden stellen sich gegenseitig ihre Kärtchenfrage. Wer die Antwort nicht weiß, muss das Kärtchen nehmen. Weiß der Partner aber die Antwort, muss der Fragesteller sein Kärtchen selbst behalten.

Auf Ihr Zeichen hin beginnt die zweite Runde und jeder sucht sich einen neuen Partner. Wer kein Kärtchen mehr hat, spielt trotzdem weiter mit. Denn er kann ja gefragt werden und muss vielleicht wieder unbekannte Kärtchen annehmen.

Wer hat nach der dritten oder vierten Runde keine Kärtchen mehr? (Fair play – Kärtchen nicht einfach verschwinden lassen!)

Unendliche Geschichte

Die ganze Klasse konstruiert gemeinsam eine Geschichte mit möglichst vielen Kärtchenbegriffen: Jeder Schüler bekommt zwei Kärtchen. Sie schreiben einen der Begriffe an die Tafel, zum Beispiel: »Die Geschichte der Cornflakes« oder »Eine Luxus-Geschichte«. Vielleicht liefern Sie noch einen Einleitungssatz und stellen die Frage »Wer kann die Geschichte mit einem seiner Begriffe fortsetzen?«. Der Nächste schreibt seinen Begriff an die Tafel und erzählt seinen Anschlusssatz.

Can I ask you? (→ S. 115)

KV 19: Can I ask you? 115

Um Sprechanlässe im Englischunterricht in Gang zu bringen, ist für noch ungeübte Schüler/innen eine Trainingsmöglichkeit ohne Rampenlicht sehr hilfreich: Jeder Schüler bekommt eines der Fragekärtchen. Damit geht er auf den »Marktplatz« und sucht sich eine Partnerin oder einen Partner. Die beiden Interviewpartner stellen sich wechselseitig ihre Frage, beantworten sie und tauschen ihre Fragekärtchen. Mit der neuen Frage sucht sich jeder einen neuen Partner und setzt das Interviewspiel fort.

Fantasiesätze und Kurzkrimi (→ S. 116 f.)

KV 20: Fantasiesätze 116

Mit Fantasie lassen sich große Sprünge machen, mit fantastischen Sätzen fängt es an. Die Schüler/innen beantworten nacheinander die Fragen in den vier Feldern. Ihre kurzen Antworten sollen sie gut leserlich niederschreiben. Ist die Kurzgeschichte fertig, schneiden sie diese auseinander und legen die einzelnen Teile in die bereitgestellten und entsprechend beschrifteten vier Schachteln.

Die Zettel werden gemischt. Der erste Schüler zieht aus jeder Schachtel einen Zettel, liest die neue »fantastische« Kurzgeschichte vor und schmückt sie vielleicht noch mit ergänzenden Worten ein wenig aus.

KV 21: Kurzkrimi 117

Eine Variante dieser Übung führt zu einem Kurzkrimi. Hier werden allerdings sechs Kartons oder Schachteln benötigt.

Bildgeschichten

Genügend Postkarten oder Kalenderblätter mit unterschiedlichen Motiven liegen oder hängen zur Auswahl bereit. Jeder Schüler sucht sich ein Bild aus und erzählt dazu eine Geschichte.

Oder ein Schüler beginnt mit einem Bild, legt es in die Mitte und erzählt den Anfang einer Geschichte. Wer kann die Geschichte mit einem anderen Bild fortsetzen und legt sein ausgewähltes Bild daneben? Wie lang wird die Bilderkette?

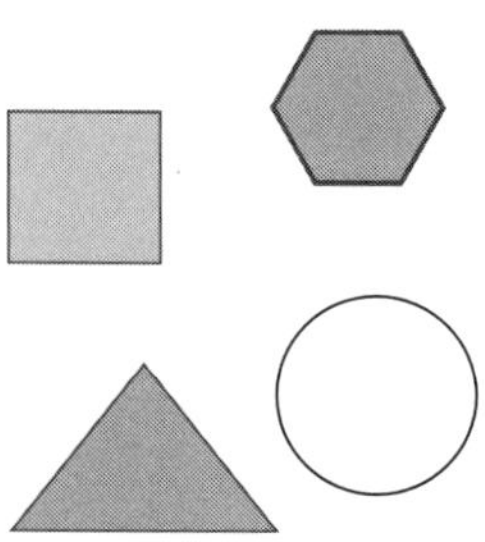

Skizzenverständnis

Ein Schüler beschreibt eine Skizze nur mit Worten. Alle anderen zeichnen, wie sie die Skizze nach dieser Beschreibung verstehen.

Briefkasten-Interview

Alle Schüler/innen schreiben ihren Namen auf einen Zettel und falten ihn zusammen. Diese »Lose« werden eingesammelt, gemischt und jeder zieht ein Los. (Wer seinen eigenen Namen gezogen hat, gibt das Los zurück und zieht ein neues.) Jetzt hat jeder ein paar Tage Zeit, diesen Mitschüler näher kennenzulernen. Dazu überlegen sich die Schüler/innen Interviewfragen, die sie stellen wollen: Name, Geburtstag, Geschwister, Wohnort, Hobbys, Lieblingsspeisen, -filme, -musikgruppen, -bücher, ein besonderes Erlebnis oder eine Anekdote.

Nach den Interviews werden alle Lose wieder eingesammelt, gemischt und einzeln nacheinander gezogen: Wer stellt diesen Schüler vor?

Witze-Casting

Einen Witz gut zu erzählen heißt, neugierig zu machen, spannend und zügig zur Pointe zu führen und diese an der richtigen Stelle »platzen« zu lassen. Diese »Würze in der Kürze« zu beweisen ist ein ausgezeichnetes und kurzweiliges Sprech- und Erzähltraining. Außerdem bietet der eine oder andere schlechte oder makabere Witz Gelegenheit, Fragen des guten Geschmacks zu behandeln oder sogar notwendige Kritik zu üben.

Gedichte im Vergleich (→ S. 118)

118 KV 22: Wind oder Qual?

Äpfel mit Birnen zu vergleichen gilt allgemein als unzulässig. Diese beiden Gedichte zu vergleichen mag ähnlich schwierig erscheinen. Wenn die Schüler/innen aber ihre Vorgehensweise Schritt für Schritt bedenken und begründen, wird dieser Vergleich zu einer geistigen Auseinandersetzung.

Nachdem die Schüler/innen ihre Stellungnahmen entwickelt und niedergeschrieben haben, präsentieren einige ihre Gedanken vor der Klasse und schließen ihre Präsentation mit dem Gedichtvortrag (auswendig!?) ab.

Die Rede 5.2

Drei Drittel ergeben beim Zuhörer 100 Prozent

»Eine gute Rede hat einen guten Anfang und einen guten Schluss – und beides sollte möglichst dicht beieinander liegen.«
Mark Twain

Zeitrahmen und Bedeutung für den Zuhörer:

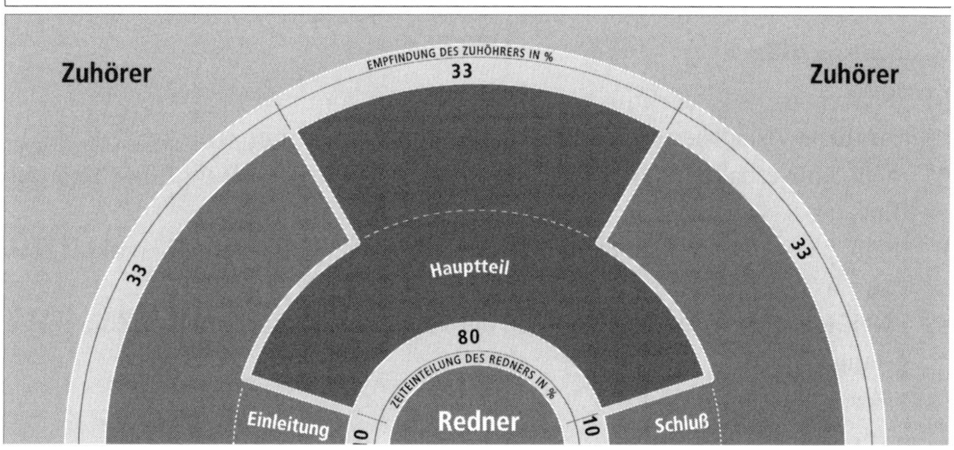

Grafik: Manuel Engler

Während die zeitliche Dauer eines Vortrags ihren Schwerpunkt deutlich auf dem Hauptteil hat, ist die Bedeutung von Einleitung, Hauptteil und Schluss für den Zuhörer jeweils gleich hoch.

Das bedeutet am Beispiel einer 20-minütigen Rede: Eine schwache Einleitung von ca. zwei Minuten Länge, ein brillanter Hauptteil von ca. 15 Minuten und ein mittelmäßiger bis schlechter Schluss von ca. zwei Minuten können beim Zuhörer das Gefühl erzeugen: Der überwiegende Teil der Präsentation, d. h. zwei Drittel (!), waren mittelmäßig bis schlecht!

Sage, worüber Du berichten wirst, berichte darüber
und fasse zusammen, worüber Du berichtet hast.

Eine simple Regel mit großartiger Wirkung: Zuhörer, denen der Redner den Weg ausleuchtet, der dann gemeinsam beschritten wird, folgen viel bereitwilliger als Zuhörer, die im Dunkeln gelassen werden.

Einleitung

KV 23: Die Referatsvorbereitung im Überblick 119

- Den Schüler/innen bewusst machen: Vorbereitungszeit ist Wachstumszeit (= effektive Lernzeit)!
- Struktur eines Themas:
  - Definition
  - Was ist das Tolle daran?
  - Wo sind mögliche Nachteile?
  - Welches sind die (neuen) Forschungsergebnisse/aktueller Wissensstand? (Spaß an der Recherche!)
  - Wie ist/war die Entstehungsgeschichte?
  - Wie ist der Bezug zum Alltag der Teilnehmer?
  - Was wird in Zukunft/in Bezug auf die Teilnehmer damit passieren?
  - Dialog mit den Zuhörern

»Es genügt nicht, zur Sache zu reden, man muss auch zu den Menschen reden.«
Stanislaw Lec

KV 24: Hinweise zur Vortragsweise 120

Sie stehen niemals vorn, um eine Rede zu halten.
Sie stehen dort, um mit den Zuhörern einen Dialog zu beginnen!

Gedächtnis stützen

Möglichkeiten, ins Gedächtnis meiner Zuhörer zu kommen:

- sämtliche Visualisierungstechniken (→ s. u. im Abschnitt »Attraktive Rede«)
- mein nonverbales Repertoire: Gestik, Mimik, Körperhaltung, Erscheinung, Blick (→ S. 42 ff.)
- mein paraverbales Repertoire: Tempo, Lautstärke, Betonung, Artikulation, Pausen (!) (→S. 53 ff.)
- Zwei Haupthandwerkszeuge, um in das Langzeitgedächtnis meiner Zuhörer zu gelangen, sind
  - Wiederholungen und
  - emotionale Intensität.

Attraktive Rede

KV 25: Tipps für eine gute Rede 121

Hier geht es um Möglichkeiten des Redners, seine Zuhörer zu erreichen. Die Kunst, Zuhörer zu interessieren und zu fesseln, gründet sich auf der Fähigkeit, Sachverhalte zu visualisieren. *Diese Fähigkeit ist durch Training erlernbar!* Sie geht Hand in Hand mit der Dauer der Vorbereitungszeit eines Redners:

- bildhafte Sprache verwenden (unter anderem Metaphern, Beispiele, Vergleiche, Zitate, Analogien)
- verfügbare Medien benutzen (Flipchart, Beamer, Overhead-Projektor, Dias, Tafel, Whiteboard), um Bilder zu zeigen (z. B. Skizzen, Fotos, Modelle, Gemälde, Filme, Zeitungsartikel ...)
- Anschauungsmaterial mitbringen
- die Bildsprache der Hände einsetzen (→ Gestik, S. 45 ff.), also das Gesagte dosiert mit Händen und dem ganzen Körper verdeutlichen

Interesse und Nutzen

Ist für meine Zuhörer ein Nutzen oder persönlicher Vorteil erkennbar? Interesse entsteht über den wahrgenommenen Nutzen – dieser muss nicht auf Anhieb bewusst wahrnehmbar sein, sondern wird oft latent bzw. unbewusst transportiert. Solch ein Nutzen kann z. B. sein:

- der wahrgenommene oder tatsächliche Vorteil
- Erfolgserlebnisse für den Zuhörer (Lern- und Verständniserfolg)
- der Unterhaltungswert (Humor oder Anekdoten)
- der Neuigkeitswert (= Informationswert)

BEISPIEL

➤ »Meine Damen und Herren, wir sind Weltmeister! Zwar nicht im Fußball – da haben wir immerhin mit dem dritten Platz die Bronzemedaille geholt – dafür sind wir alle hier im Raum ›Weltmeister der Herzen‹! Jetzt werden Sie sich fragen: Was bringt uns das? Die Antwort ist ganz einfach: Ökonomisch betrachtet nichts! Wenn wir unseren Blick allerdings über den Tellerrand hinaus schweifen lassen, dann eröffnen sich für uns vollkommen neue Blickwinkel ...«

Der Stichwortzettel — 5.3

Grundsätzlich gibt es drei unterschiedliche Arten, eine Rede zu halten:

Ablesen (vom Manuskript, einer PowerPoint-Präsentation oder Folien ...) bzw. sich an vorgefertigten Formulierungen entlanghangeln,

Blick gelegentlich auf den Stichwortzettel, ansonsten frei anhand der Stichworte reden, die als Orientierungshilfe lediglich eine Struktur bzw. Gliederung vorgeben,

Complett frei reden ohne jegliche visuelle Stütze.

Für Referate in der Schule eignen sich weder A noch C, denn dabei würden sich die Schüler/innen nicht weiterentwickeln (A) oder sie wären überfordert (C). Um die Kommunikationsfähigkeit optimal zu schulen, empfiehlt sich deshalb die Variante, die sicherstellt, dass freies Formulieren der Gedanken ebenso trainiert wird wie das Strukturieren eines Themas (B).

Strukturhilfe

Die Hauptfunktion eines Stichwort- bzw. »Spickzettels« in der Hand ist die Möglichkeit für den Redner, sich an etwas festzuhalten. Dies darf aus der Sicht des unbewussten Sicherheitsbedürfnisses nicht unterschätzt werden.

Eine ähnlich wichtige Funktion ist das Sicherstellen des Redeablaufs bzw. der Tatsache, dass der Redner mit einem guten Stichwortzettel gleichzeitig den roten Faden in Händen hält. Dass dieser Faden mal reißt, kann immer passieren. Jedoch hat ein Redner mit gutem Stichwortzettel noch nie länger als drei Sekunden gebraucht (= optimale Redepause für die Zuhörer!), um diesen wieder aufzunehmen!

Gestaltung und Aufbau

Gleichzeitig unterstützt die Aufteilung bzw. Gestaltung des Stichwortzettels die Struktur der Rede. Hierzu wird eine Unterteilung in drei Spalten empfohlen, wobei jeder Spalte eine andere Funktion zukommt:

- 1. Spalte: Was *muss* gesagt werden?
- 2. Spalte: Was *soll* gesagt werden?
- 3. Spalte: Was *kann* gesagt werden?

Was muss gesagt werden?	Was soll gesagt werden?	Was kann gesagt werden?
In dieser Spalte → *nur Stichworte!* (max. 3–4 pro Zettel) Diese bilden über den gesamten Spickzettel hinweg das *Grundgerüst der Rede.* Bei den Stichworten handelt es sich um eine Art *Teilüberschriften*, die den *roten Faden* der Rede bilden. In der Regel reicht somit Spalte 1 aus, um ein gutes Referat entlang der zuvor festgelegten Struktur zu halten.	Hier können weitere → *Stichworte oder* → *Redewendungen* stehen, die *detailliertere Informationen* liefern und damit das Stichwort aus Spalte 1 *untergliedern.* Falls ein Schüler mit dem Blick in Spalte 1 keine Erinnerung mehr verbindet, hat er blitzschnell die Möglichkeit, hier weitere Gedächtnisstützen zu erhalten.	*Erläuterungen, Redewendungen* aber auch *Zitate* finden in dieser Spalte Platz. Informationen in Spalte 3 können freiwillige Zusatzangebote oder wichtige Ergänzungen für den Redner sein. Ob er sie einfließen lässt, kann er spontan entscheiden.

Tipp

Für alle drei Spalten eignet sich besonders die Verwendung von Symbolen. Diese können sich auf rederelevante Informationen beziehen (z. B. Darstellung eines Geburtsdatums: *8.2.1587) oder dem Redner einen Hinweis auf die Überprüfung seines non- oder paraverbalen Bereichs liefern (z. B. Mimikcheck – mal wieder bewusst die Sonne im Gesicht aufgehen lassen: ☺).

Grundsätzlich sollten Redner die einzelnen Zettel nummerieren und zugleich alle Zettel des jeweiligen Abschnitts (Einleitung, Hauptteil, Schluss) durch unterschiedliche Farben kennzeichnen. Falls die Zettel aus der Hand fallen bzw. in der Aufregung durcheinandergeraten, kann die korrekte Reihenfolge rasch wieder hergestellt werden.

Ein Bild sagt mehr als tausend Worte!

Weitere Gestaltungsempfehlungen

- Querformat
- DIN A5 oder DIN A6 (größer als DIN A5 kann aus Sicht der Zuhörer nachteilig wirken)
- Karteikarten sind fester als Papier und erscheinen bei aufgeregten Rednerhänden ruhiger als z. B. geräuschvoll »flatternde« Papierzettel.

Zwei Beispiele aus der Praxis

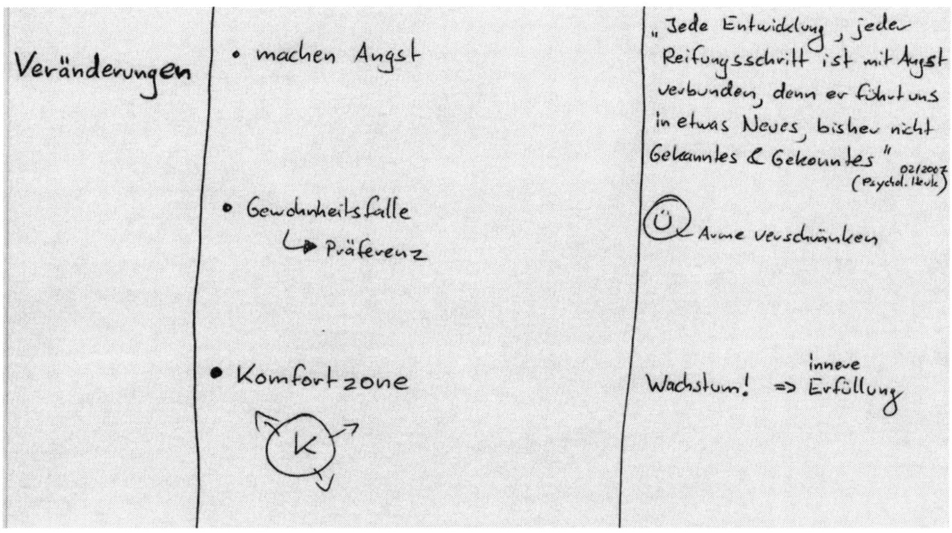

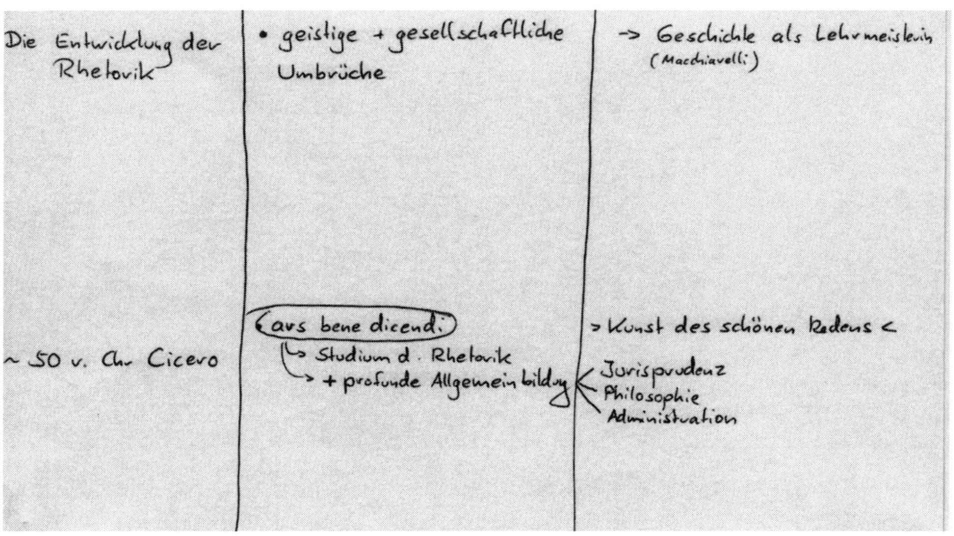

Mind-Mapping-Stichwortzettel

Mit ein wenig Übung ist es möglich, ein Referat sehr erfolgreich anhand eines einzigen Stichwortzettels zu halten. Hierfür sind lediglich zwei Dinge notwendig:

- Der »Spickzettel« enthält ein Mind-Map.
- Der Redner kann »Kleingedrucktes« lesen bzw. verfügt über eine normale Sehstärke

Auch für Mind-Maps gilt: »Gut ist besser als perfekt.«

Das folgende Mind-Map z. B. diente als Grundlage für einen zweieinhalbstündigen Vortrag vor 40 Lehrkräften:

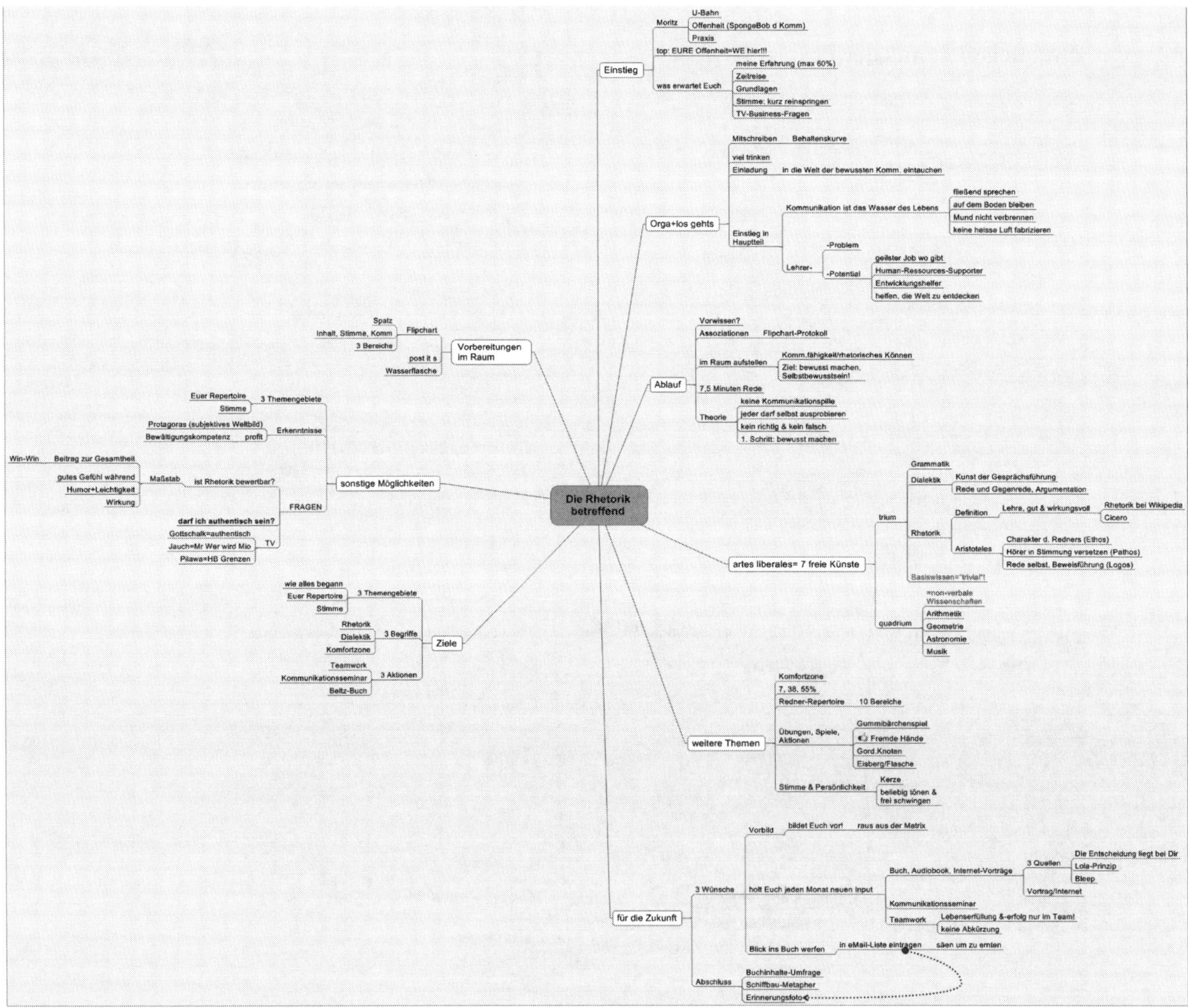

Die Bezeichnung von Mind-Maps als »Schweizer Taschenmesser der Denk- und Arbeitstechniken« weist auf die Vielfalt der Einsatzgebiete hin. Mind-Mapping ist eine einfache, aber sehr wirkungsvolle grafische Technik, um Gedanken, Wissen und Informationen zu visualisieren, zu organisieren und zu strukturieren. Optisch ähneln Mind-Maps einem von oben betrachteten Baum, von dessen Stamm sich Zweige in alle Richtungen verästeln. Mind-Maps fungieren als externes Repräsentationssystem, um Gedankenstrukturen darzustellen. Sie sind, wie der Name sagt, eine »Karte der Gedanken«.

Audiovisuelle Ergänzung zu diesem Beitrag auf der beiliegenden DVD

Das unten stehende Mind-Map diente mir als Redemanuskript für einen ca. 20-minütigen Vortrag über Taiwan. Ein Außenstehender kann mit einem Mind-Map, das ein anderer erstellt hat, meist nicht viel anfangen. Für den Erschaffer eines Mind-Maps stellt dieses jedoch eine hoch verdichtete Visualisierung seiner persönlichen Gedanken und Gedankenstrukturen dar: Jedes Schlüsselwort und jedes Bild lösen damit verbundene Informationen und Assoziationen aus. So lässt sich erklären, warum ich mit einem für den Außenstehenden simplen Bild über 20 Minuten hinweg sprechen kann.

Mind-Maps müssen im Kontext erstellt werden, um verständlich zu sein.

Sind die Hauptzweige nicht nummeriert, so liest man ein Mind-Map von rechts oben im Uhrzeigersinn herum.

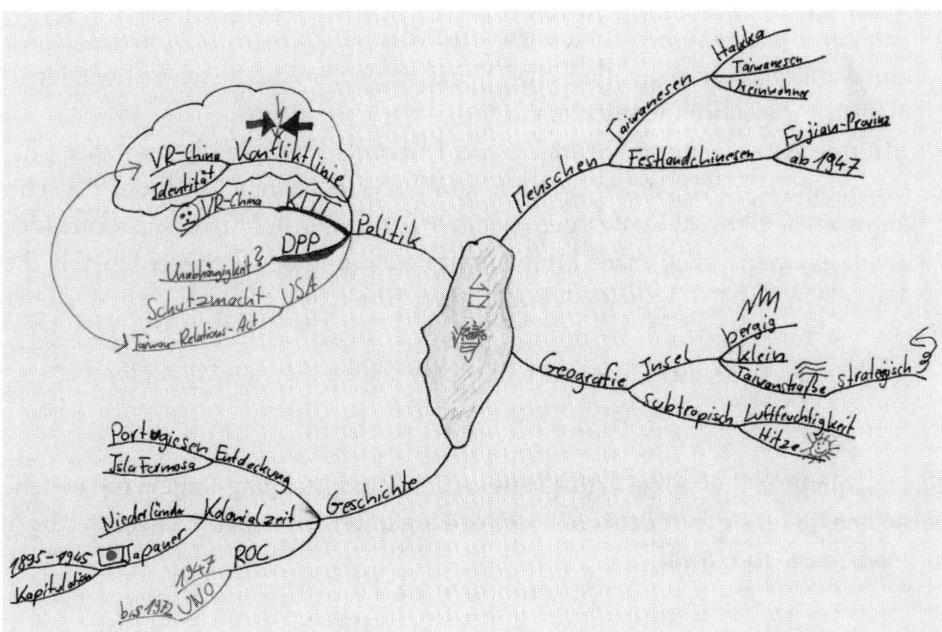

Die Vorteile, einen Vortrag mit Mind-Mapping zu halten

- Ich habe stets das gesamte Thema im Blick und sehe den *Gesamtzusammenhang.*
- Durch die *Schlüsselwörter* sind keine starren Sätze vorgegeben, die ich ablesen muss, stattdessen kann ich mich auf die freie Rede konzentrieren und einen lebendigen und natürlichen Vortrag halten. Trotzdem sind alle wichtigen In-

formationen vorhanden, sodass ich keine Angst haben muss, etwas zu vergessen oder den roten Faden zu verlieren.

- Das Mind-Map erlaubt mir größtmögliche *Flexibilität*: Dadurch, dass die Information nicht sequenziell angeordnet ist, ist es möglich, bei Bedarf zwischen verschiedenen Zweigen zu springen und trotzdem einen strukturierten Vortrag zu halten. Außerdem kann ich flexibel auf mein Publikum reagieren. Merke ich, dass es der geplanten Ausführung eines bestimmten Zweiges nicht bedarf, kann ich diese einfach weglassen. Habe ich den Eindruck, dass ich zu einem Punkt mehr erzählen sollte, ist auch das möglich.

Wie werden Mind-Maps erstellt?

Um mit Mind-Maps erfolgreich arbeiten zu können, gibt es einige wenige, aber zentrale Regeln, die man beachten sollte:

- Mind-Maps starten immer mit einer *Zentralidee in der Mitte des Blattes*. Diese Zentralidee kann man vergleichen mit dem Titel eines Buches.
- Um die Zentralidee herum schließen, wie an einen Baumstamm, *Hauptzweige* an. Auf diesen Hauptzweigen stehen die Kapitelüberschriften.
- An die Hauptzweige können beliebig viele *Unterzweige* mit beliebig vielen Unterebenen anschließen. Wichtig ist, dass die Zweige immer miteinander verbunden sind und nicht frei in der Luft schweben. Unterzweige werden immer an das hintere Ende oder die Unterseite der Hauptzweige angezeichnet.
- Auf den Zweigen stehen Schlüsselwörter, d. h. *pro Zweig schreibt man lediglich ein Wort!* Dies ermöglicht es, ein Thema von jedem Schlüsselwort wieder in alle Richtungen weiterzudenken.
- Mind-Maps arbeiten mit *Symbolen, Bildern und Farben*, in die zusätzliche Informationen hineincodiert werden können. Ein kleines lachendes Gesicht, kann ein Symbol für »gut« oder »positiv« sein, eine Glühbirne kann eine Idee symbolisieren. Auch Farben können mit Bedeutung versehen werden, z. B. die Vorteile in Grün, die Nachteile in Rot oder Ähnliches.

Mind-Maps sind individuell, jeder sollte seinen eigenen Stil finden.

Tipp

Eine ausführliche dreiteilige Artikelserie zu den Mind-Mapping-Regeln mit vielen Beispielen findet sich auf dem creaffective-Blog unter *www.creaffective.de/blog/archives/19-01-2007.html*

Mind-Mapping per Hand oder mit dem Computer?

Man kann Mind-Maps mit Papier und Stift erstellen oder seit einigen Jahren mithilfe von Software. Der Einsatz des Computers macht das Erstellen von Mind-Maps per Hand keinesfalls überflüssig, sondern ergänzt dieses vielmehr.

Nebenstehend zwei Beispiele für computergenerierte Mind-Maps, die die Unterschiede zwischen den Programmen zumindest optisch deutlich werden lassen. Die obere Abbildung wurde erstellt mit der Software *iMindMap* von Tony Buzan, dem Erfinder des Mind-Mapping. Dieses Mind-Map sieht fast aus wie von Hand

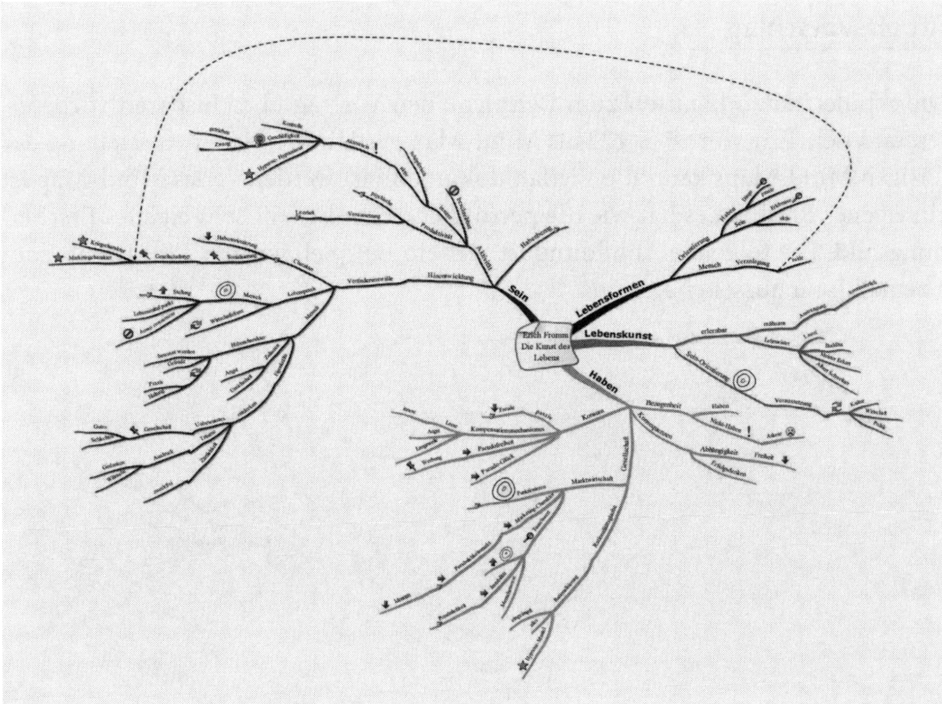

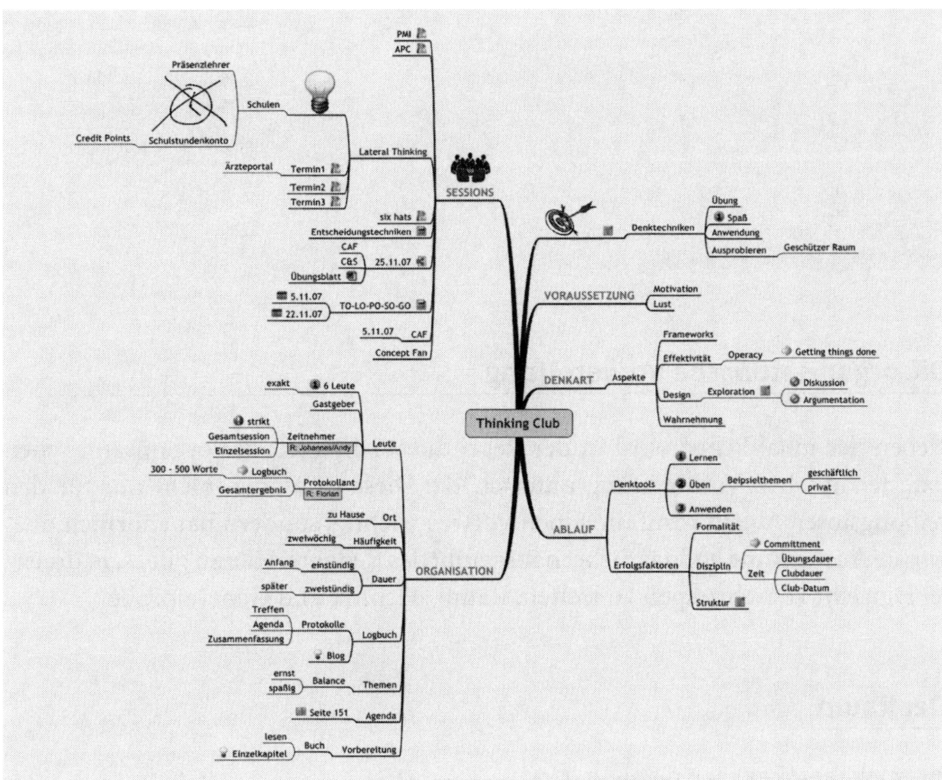

gezeichnet und kann sehr individuell gestaltet werden. Die untere Abbildung wurde mit *Mindjet MindManager* erstellt. Diese Darstellung ist wesentlich starrer und lässt weniger gestalterischen Freiraum.

Arbeitsvorschlag

KV 26: 122
Der Eisbär

Die Schüler/innen könnten zum Beispiel einen Vortrag über Eisbären vorbereiten und den Text von → S. 122 als Mind-Map gestalten. In einer Ausstellung der fertigen Mind-Maps kann die Vielfalt dokumentiert werden. Jedes Mind-Map ist ein eigenes Produkt, es hat wie die persönliche Handschrift sein eigenes Erscheinungsbild. Die folgende Abbildung ist nur ein Beispiel, wie ein Mind-Map zum Thema Eisbär aussehen könnte:

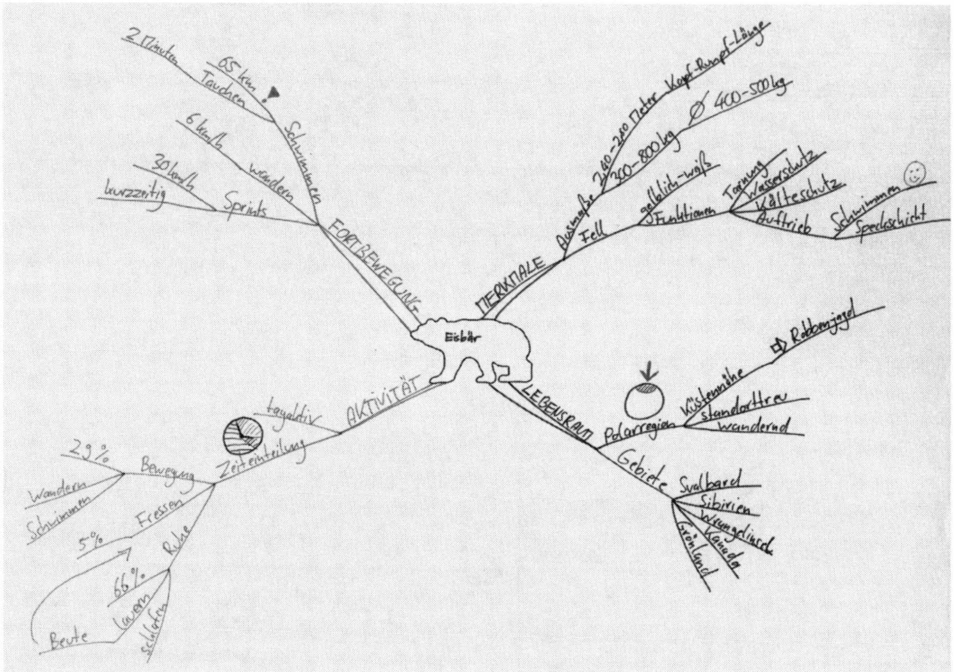

5.5 Die organisatorische Vorbereitung

Neben der inhaltlichen wird in der Regel die Wichtigkeit der organisatorischen bzw. technischen Vorbereitung unterschätzt. Diese ist jedoch nicht nur für den reibungslosen Ablauf rund um einen Vortrag wichtig, sondern hat enorme unbewusste Auswirkung auf das Sicherheitsgefühl des Redners. Hierzu gilt es, in dreierlei Hinsicht Vorkehrungen zu treffen: Raum, Technik und Generalprobe.

Der Raum

Die Freiheit und Möglichkeit, den Ort meines Vortrags so zu gestalten, wie ich das als Redner benötige, ist in den meisten Schülerköpfen nicht vorhanden.

BEISPIEL

- Sitzen die Schüler/innen hinter Tischen »verbarrikadiert« oder offen in einem Stuhl-Halbkreis dem Redner gegenüber? Wie lässt sich der Informationsaustausch anderweitig erleichtern?

»*Das Auge isst mit*« – dies gilt nicht nur für kulinarische, sondern auch für verbale Portionen. Ist der Klassenraum eine Rumpelkammer, bietet er jedem Zuhörer unbewusst permanente visuelle Ablenkungen.

FRAGE

- Sind die Tafel oder die Flächen hinter und neben dem Referenten »fremdbeschriftet«, sodass sie einen ablenkenden Hintergrund bilden?

Schüler/innen sollten Schritt für Schritt ein Bewusstsein für ihren (Rede-)Raum entwickeln – einen Raum, den es im positiven Sinne einzunehmen gilt, sowohl verbal als auch durch entsprechende Hilfsmittel wie Anschauungsmaterial oder Präsentationsmedien (z. B. Tafel, Flipchart, MP3-Player, Pinnwand). Die bewusste Einnahme des Raumes kann besonders gut durch eine Veränderung der Anordnung von Tischen und Stühlen erfolgen, um beispielsweise bestimmte Aktionen mit den Zuhörern optimal durchführen zu können.

Die Technik

Während des Referats ist der Schüler der »Chef«!

Selbst bei großen Firmen-Events kommt es immer wieder einmal zu kleineren und großen technischen Pannen, weil aus Zeitmangel auf Proben und die technische Vorbereitung verzichtet wurde.

Schüler/innen sollten im Unterricht lernen, was es heißt, Verantwortung für den eigenen Vortrag zu übernehmen: Der Redner trägt nicht nur für die inhaltliche Gestaltung die Verantwortung, sondern auch für die Gestaltung des Raumes, den Hilfsmitteleinsatz und für die Inszenierung der Gesamt-Performance. Er ist Regisseur und Darsteller zugleich. Deshalb obliegt ihm die Verantwortung für den reibungslosen Ablauf der Vorstellung!

Hierzu gehört beispielsweise das gezielte vorherige Üben des Umgangs mit dem Overhead-Projektor oder die Bedienung von Lichtschaltern und Sonnenmarkisen, um auf Anhieb optimale Lichtverhältnisse schaffen zu können.

Der »Chef« sollte auch lernen, nicht alles allein machen zu müssen. Er hat immer die Möglichkeit, einzelne Aufgaben zu delegieren, und sollte davon auch Gebrauch machen (z. B. Klassenkameraden, die ein bestimmtes Gerät bedienen, Folien auflegen und Ähnliches).

Die Generalprobe

Leider muss auf diesen »*Entwicklungs- und Kompetenz-Booster*« oft verzichtet werden – z. B. wenn das Referat sowieso erst auf den letzten Drücker im Schulbus fertig wird oder wenn der Redner Angst vor der eigenen Courage hat. Viele denken sich: »Lieber nur einmal das Risiko eingehen, vor versammelter Klasse unterzugehen, als schon im Vorfeld das zusätzliche Risiko einer empfindlichen Niederlage zu provozieren.« Aber:

Eine Generalprobe zahlt sich immer aus!

- Ein Gefühl für den Vortrag bekommen
- Sicherheit im Thema und Reduktion des Lampenfiebers erzielen
- Zusätzliche Einsichten und Gedankenanstöße durch Feedback gewinnen
- Ein Bewusstsein für das Verhältnis von Inhalten und Zeitrahmen entwickeln

Diese Punkte winken als Belohnung … wenn es zur Generalprobe kommt! Hierbei ist völlig unerheblich, ob die Schüler/innen das Referat im Vorfeld dem besten Freund, der besten Freundin, den Geschwistern, den Großeltern oder den Eltern präsentieren. Die Probe-Präsentation offenbart Unsicherheiten in der eigenen Gedankenstruktur und deckt Schwachstellen im inhaltlichen und zeitlichen Ablauf auf.

Das Feedback der »Probe-Zuhörer« kann wertvolle Hinweise aus Publikumssicht liefern.

Tipp

Wenn mit den Schüler/innen vereinbart wird, dass jedes Referat vorher mindestens einmal zur Probe vor einem oder mehreren Zuhörern präsentiert wird, sorgt dies allein bereits für einen deutlichen Anstieg der Referatsleistungen.

5.6 Brainstorming

Die Angst, unpassende bzw. »falsche« Gedanken zu haben, behindert den freien Gedankensturm. Dieser liefert jedoch erfahrungsgemäß wunderschöne Ideen für die Einleitung einer Rede. Auch der Ausstieg bzw. das Ende der Rede sind durch die Ideen, die während eines Brainstormings auftauchen, oft schon »geritzt«.

Das Problem: Viele Schüler/innen sind zunächst zu einem echten Brainstorming nicht bereit oder nicht in der Lage! Denn durch die Angst vor »falschen« Antworten kommt kein echter »Brainstorm« zustande.

Anstatt den Ideen und Gedanken freien Lauf zu lassen – z. B. lässt sich der Gedankenfluss auf dem Papier als Wörterkette darstellen –, kehrt man immer wieder zum Ausgangsbegriff zurück. Erneut vom Ursprungsbegriff ausgehend wird dann ein weiterer Gedankenweg »eröffnet«, der meist nach wenigen Gedankenschritten bzw. Stichworten wieder beendet wird, um erneut zum Ausgangsbegriff zurückzukehren. Durch dieses Vorgehen (»Meine Gedanken müssen aber in direktem Zusammenhang mit dem Ausgangsbegriff stehen!«) entsteht unbewusst eine Art Zensur, wodurch sich die Kreativität des Brainstormers nicht in vollem Umfang entfalten kann.

ACHTUNG

➤ Je älter die Schüler/innen sind, desto schwerer fällt es ihnen häufig, Gedanken tatsächlich frei sprudeln zu lassen.

Eine gute Hilfestellung, um erfolgreich ins Brainstorming einzusteigen, bietet die folgende Aufwärmübung:

- Auf einem Schmierzettel oder einer Blockseite geht es los.
- Jeder Schüler darf sich zu einem Begriff, den die Lehrerin bzw. der Lehrer spontan verkündet, alles aufschreiben, was ihm in den Sinn kommt!
- Beispiel: »Die Zeit: 20 Sekunden. Auf die Plätze, fertig – der Begriff heißt: ›Gesicht‹ – los!«
- »Und Stopp!« Danach tragen Sie die Ideen zusammen, indem Sie einige Schüler/innen aufrufen und ihre Ergebnisse präsentieren lassen.

Um die latente Angst auf Schülerseite vor »falschen« Ideen (»Was hat das mit ‚Gesicht' zu tun?«) schrittweise aufzulösen, ist es außerordentlich wichtig, die einzelnen Stichworte und Ideen der Schüler/innen nicht nur wertungsfrei gelten zu lassen, sondern auch über »weit hergeholte« Schlagworte zu staunen und diese positiv zu verstärken.

Dieses Bestärken der Richtigkeit jedes noch so weit vom Thema entfernten Begriffs gibt Selbstvertrauen für zukünftige Brainstorming-Übungen. Dadurch können die Schüler/innen ihre Ideen nach und nach immer leichter in einem tatsächlich zensurfreien Gedankenfluss sprudeln lassen. Das soll aber nicht heißen, dass damit ein Trend zum Labern bedient wird. Durch Assoziationsübungen werden vielmehr zunächst diffuse Gedanken auf den Punkt gebracht.

FAZIT

➤ Brainstorming als freier Gedankenfluss der individuellen Ideen und Gedanken zu einem Thema ist eine hervorragende und kreative Methode, um Inputs für den eigenen Vortrag zu erhalten. Besonders für die Hinführung zum Thema ergeben sich durch ein Brainstorming meist gute Ideen.

KV 27: Rhetorik-Werkzeuge 123

Rhetorik-Werkzeuge (→ S. 123 ff.)

Nach einem Ideen-Karussell werden die abgebildeten Gegenstände und Werkzeuge in Mini-Referaten zum Thema »Was hat dieser Gegenstand mit Rhetorik zu tun?« präsentiert.

Zeugenaussagen

Zur Rhetorik gehört auch, aufmerksam und gut zuhören zu können!

Ein spannendes Ereignis wird erzählt. Die ganze Klasse hört gut zu. Danach hat ein Schüler die Aufgabe, den Sachverhalt als »Zeuge« einem Mitschüler zu erzählen, der vor der Tür gewartet hat. Dieser wird zum nächsten »Zeugen« und erzählt dem Dritten, was er behalten hat. Wenn der Vierte, der draußen gewartet hat, die Geschichte gehört hat, gibt er diese zu Protokoll.

Zum Schluss gibt es eine »Gerichtsverhandlung«, in der drei Richter befinden und begründen, welche Zeugen als glaubwürdig anzusehen sind und welche nicht – warum?

TV-Nachrichtensprecher

Jeder Schüler bekommt eine aktuelleZeitungsseite mit einer durchschnittlichen Informationsdichte. Diese soll er in zehn Minuten zu einem kurzen Nachrichtentext verarbeiten. Anschließend werden drei oder vier Nachrichtensprecher ausgelost, die ihre Meldungen im Stil eines Nachrichtensprechers vortragen. Die Sendung beginnt mit der Begrüßung der Zuschauer und endet mit einer Schlussformel oder dem Wetter.

In einer Gruppenarbeit könnten die Meldungen auch als Nachrichtensendung mit Interviews und »Filmeinspielungen« konzipiert werden.

Frühstücksfernsehen

Ein Moderatorenduo hat einige Gäste zu interviewen, deren Namen und Funktionen die Moderatoren kennen. Die Fernsehgäste bekommen aber zusätzliche Instruktionen, die die Moderatoren (noch) nicht kennen. Was werden die Zuschauer alles erfahren?

BEISPIEL

➤ Die Moderatoren wissen, dass Herr Wattebausch ein Apotheker ist, der ein neues Heilmittel entwickelt hat. Sie sollen per Interview herausfinden, wie das Heilmittel heißt und wie es wirkt. Was sie nicht wissen, weiß nur Herr Wattebausch: »*Ich bin stolz, dass ich im Fernsehen zu Gast sein darf. Ich darf den Namen des Medikamentes nicht nennen, schon gar nicht seine Substanzen. Ich kann aber ankündigen, dass es fast wie ein Wundermittel gegen Vergesslichkeit wirkt. Über Nebenwirkungen werde ich nicht reden. Diese kann es in Form von gelegentlichen Wutausbrüchen geben. Ich habe das Medikament an mir selbst getestet. Bei mir treten die Nebenwirkungen auf, wenn ich mich durch hartnäckiges Fragen bedrängt fühle.*«

Entscheidungstraining

Bei vielen Entscheidungen spielen Emotionen eine große Rolle. Bei fast jeder Entscheidung schwingt das Risiko mit, dass sie falsch oder zumindest nicht die beste aller denkbaren Lösungen sein kann. Aus diesem Gefühl der Angst oder Unsicherheit heraus vermeiden viele, überhaupt eine Entscheidung zu treffen. Oder sie spüren bei jeder Entscheidung, dass sie etwas anderes, vielleicht Attraktiveres, versäumen. So können viele sich nicht einmal für ein Fernsehprogramm entscheiden.

Eine Entscheidungsübung, bei der sich die Schüler/innen zwischen fünf infrage kommenden Personen für ein Spenderherz entscheiden müssen, findet sich auf → S. 126. Die Schüler/innen haben drei Minuten Zeit, für sich in Stillarbeit eine Entscheidung zu treffen und die Person anzukreuzen, die das Herz bekommen soll. Mit ihrem markierten Arbeitsblatt treffen sie sich zu viert oder fünft in Arbeitsgruppen, diskutieren ihre Entscheidung und treffen eine Teamentscheidung. Vor der Klasse teilt jedes Team seine Entscheidung mit und begründet sie.

126 **KV 28:** Eine schwere Entscheidung

VARIANTE

➤ Jeder Schüler bekommt nur eines der Namenkärtchen nach dem Zufallsprinzip. Damit ist seine persönliche Entscheidung schon getroffen. Nun soll jede/r sich mit seinen Argumenten für diesen Menschen engagieren.

Anschließend werden Fragen angesprochen wie:

- Wer hat sich durchgesetzt?
- Was zählte außer guten Argumenten?
- Ist es möglich, gar keine Entscheidung zu treffen? Oder ist das nur eine andere Form von Entscheidung, nämlich diese anderen zu überlassen?
- Was können Gründe dafür sein, Entscheidungen zu vermeiden? (z. B. Bequemlichkeit, Unsicherheit, Desinteresse, Dummheit, Cleverness ...)
- Wie ist eine typische Dilemma-Situation überhaupt zu meistern?

Blended Learning und Schülerpräsentationen *von Sabine Huber* 5.8

Moodle hat sich als *Open-Source-Plattform* in den vergangenen Jahren gerade für den Einsatz im Bereich Bildung international etabliert. Organisatorische und inhaltliche Abläufe, die im schulischen Alltag durchaus Stressfaktoren darstellen können, werden mithilfe einer Online-Plattform digitalisiert und zu jederzeit am Nachmittag zugänglichen Foren oder Abstimmungen zusammengefasst. Dies lässt Schüler/innen die Arbeitsschritte zur Erstellung, Organisation und Überarbeitung von Präsentationen deutlicher erscheinen. Präsentieren wird als Prozess in allen Teilschritten wahrgenommen. Mit stetig wachsenden Online-Quellen, aus denen Schüler/innen binnen Minuten fertige Präsentationen herunterladen können, muss ein neuer Fokus gesetzt werden: Die Begleitung des Entstehungspro-

Audiovisuelle Ergänzung zu diesem Beitrag auf der beiliegenden DVD

zesses von eigenen Präsentationen gewinnt an Bedeutsamkeit. Um nicht nur das Ergebnis, sondern auch die Einzelschritte bis zum Endprodukt erproben und verstehen (Schülerseite) sowie nachvollziehen und beurteilen (Lehrerseite) zu können, werden neue Konzepte wie beispielsweise die Verwendung von Online-Foren getestet.

Bei Interesse und Fragen zur Materialdatenbank und den Online-Klassenräumen bitte eine Mail an moodle@digitaleschulebayern.de senden (*→ S. 110*)

Die *Digitale-Schule-Bayern.de* wurde von Lehrer/innen aus Bayern ins Leben gerufen, die sich der Notwendigkeit digitalen Lehrens und Lernens im schulischen Unterricht nicht länger verschließen möchten. Das Angebot richtet sich an Lehrer/innen aus dem gesamten deutschsprachigen Raum – sowohl die Online-Klassenräume als auch die Materialdatenbank beschränken sich nicht nur auf Bayern, sondern verstehen sich als überregionales, kostenfreies Netzwerk für innovative Lehrerinnen und Lehrer. In dem auf der Plattform eingerichteten »Lehrertreff« besteht die Möglichkeit, über eigene Unterrichtsideen zu berichten und sich bei Kolleginnen und Kollegen fachliche und mediendidaktische Anregungen zu holen. Teamteaching-Konzepte werden durch die gemeinsame Verwendung von Online-Klassenräumen an verschiedenen Schulen verwirklicht und fördern den Blick auf Anderes und Neues – sowohl bei Schüler/innen als auch bei Lehrer/innen.

Zudem unterstützen die Online-Klassenräume von Moodle fächerübergreifendes Arbeiten, zum Beispiel durch gemeinsame Projekte mit Schülerpräsentationen, die online auch für alle anderen Lehrer/innen an der eigenen Schule abrufbar sind. In den geschützten virtuellen Klassenzimmern können Schulen und Arbeitsgruppen beispielsweise Arbeitsmaterial einstellen, sich über Foren und Chats austauschen und in Wikis Ideen sammeln. Lehrer/innen können Lernmaterialien einstellen und Hausaufgaben vergeben, die die Schüler/innen online abgeben.

Arbeiten im Online-Klassenzimmer

Ein Arbeiten in Online-Klassenräumen bietet in vielerlei Hinsicht Vorteile für Lehrer/innen und Schüler/innen:

- Schüler/innen eigenständig arbeiten lassen
- gemeinsam an Projekten arbeiten
- Ergebnisse von Gruppenarbeiten allen Schüler/innen zur Verfügung stellen
- Kopien sparen
- Hausaufgaben digital einfordern, korrigieren und bewerten
- weiterführende Links und Materialien zur Verfügung stellen
- Termine, Materialien und Kommunikation strukturieren
- einfache Bedienung, übersichtliche Anordnung der Materialien
- Klassenzimmer an individuelle Bedürfnisse anpassen
- vielfältige Lernaktivitäten: Link auf Datei oder Webseiten, Abstimmung, Aufgabe, Chat, Datenbank, Forum, Glossar
- Einbindung der Daten verschiedener E-Lern-Programme, Journal, Lektion, Tests, Umfrage, Wiki, Workshop

Kurzpräsentationen im Unterricht

Neben der Präsentation beispielsweise eines Buches, eines fachlichen Themas oder eines Projektes durch einen einzelnen Schüler wird im Sinne eines konstruktivistischen Lernens immer häufiger die Erarbeitung und damit auch die Präsentation von Leistungen einer Gruppe von Schüler/innen gefordert. Die eigene Auseinandersetzung mit dem Lernstoff sowie das Reflektieren des eigenen Handelns als Prozess, der sowohl allein als auch mit anderen Mitgliedern einer Lerngruppe erfolgen kann, sind hierbei von besonders großer Bedeutung. Wurden den Schüler/innen lange Jahre lediglich entsprechende Buchtitel, gegebenenfalls mit einem Laufzettel oder Anregungen zum Ausfüllen eines Arbeitstagebuchs, an die Hand gegeben, bieten die digitalen Medien mannigfaltige Chancen, Lernprozesse für die Schüler/innen transparenter werden zu lassen. Einträge in geschlossenen Forumsdiskussionen, die von Klassenkamerad/innen und Lehrer/innen kommentiert werden können, entsprechen gleichsam einer Methode des »lauten Denkens«, bei der gerade leistungsschwächere oder unerfahrene Schüler/innen einen starken Lernzuwachs erzielen können.

Organisatorische und Kommunikationsschwierigkeiten unter den Mitgliedern der Gruppe oder zwischen der Gruppe und der Lehrkraft sowie zeitliche Zwänge gestalten den Entstehungsprozess eines Gruppenreferats mitunter schwierig. Schüler/innen aus verschiedenen Teilklassen treffen z. B. in den Sprachen, Naturwissenschaften und im Fach Religion aufeinander, was sowohl für die Schüler/innen als auch für die Lehrkräfte ein erhöhtes Maß an Organisationsarbeit verlangt. Mithilfe digitaler Plattformen, die sowohl einen Datenspeicher als auch eine Kommunikationsplattform bieten, lassen sich die Organisation von Einzel- oder Gruppenarbeit einerseits und das prozessorientierte, überarbeitende Lernen andererseits äußerst gewinnbringend gestalten.

Blended Learning im Sinne einer Ergänzung des qualitativ äußerst hochwertigen Präsenzunterrichts in den realen Klassenräumen durch eine virtuelle Kommunikations- und Informationsverarbeitungs-Plattform bietet eine flexiblere Nutzung der Ressource Zeit einerseits sowie eine intensivere Auseinandersetzung und bessere Nachvollziehbarkeit der Kommunikationsabläufe für Schüler/innen und Lehrer/innen andererseits.

Beispiel: Organisation einer Kurzpräsentation mithilfe einer digitalen Lernplattform

Die Schüler/innen bereiten ihre Präsentation mithilfe des Computers in der Schule oder zu Hause vor und stellen Versatzstücke der Präsentation sowie entsprechende Zwischenergebnisse in ein hierfür eingerichtetes Forum ein. Die Klassenkamerad/innen können dadurch bereits vorab ihren eigenen Leistungsstand mit dem ihrer Mitschüler/innen vergleichen, sich über Forumseinträge gegenseitig Tipps zur Verbesserung geben und somit – sowohl innerhalb der Präsentationsgruppe als auch innerhalb der gesamten Klasse – den Prozesscharakter dieses Arbeitens wahrnehmen und die Zusammenarbeit in einem Team üben. Dadurch, dass die Präsentationen mit dem Datum des Forumseintrags versehen sind, ist es für die Lehrkraft und die Schüler/innen einfach nachzuvollziehen, wer was zuerst eingestellt hat und wer sich auf wen bezieht. Dies ist besonders dann hilfreich, wenn es doch einmal zur Übernahme von Ideen anderer kommen sollte.

Beispiel: Forumsdiskussion zu einer Präsentation im Fach Deutsch

- Eigenverantwortlichkeit der Schüler/innen fördern
- zeitliche Ressourcen gewinnen
- Reflektieren des eigenen Handelns
- Bewerten der Leistung von Mitschülern
- Hilfe anbieten, Tipps geben
- Hausaufgaben mit Adressatenbezug

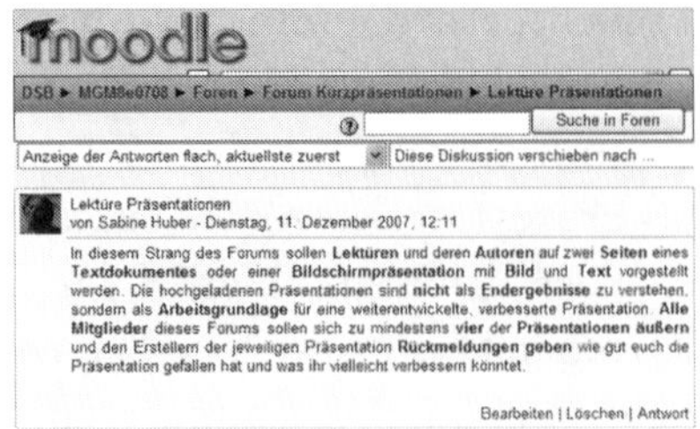

Einreichen von Präsentationen

Die Schülerpräsentationen können wahlweise über das bereits beschriebene Modul der Forumsdiskussion eingereicht werden. Dies ist besonders dann sinnvoll, wenn es um die Transparenz von Zwischenergebnissen und Endbearbeitungen geht und auch die Schülerreaktionen auf die Beiträge anderer mit in die Bewertung einfließen sollen. Bei der Beurteilung von Schülerbeiträgen sollte sowohl eine quantitative als auch eine qualitative Berücksichtigung der Beiträge erfolgen, die den Schüler/innen zuvor mitgeteilt wurde. Im o.g. Beispiel sollten sich die Schüler/innen sachlich und konstruktiv zu vier Zwischenergebnissen von Klassenkamerad/innen äußern. Eine Möglichkeit, Schülerarbeiten digital einzusammeln und zugleich einen schnellen Überblick über die noch ausstehenden Arbeiten zu erhalten, bietet die Aktivität »Aufgabe hochladen«. Diese Vorgehensweise bietet sich insbesondere bei Dateien an, die nicht vor einem bestimmten Zeitpunkt von allen Schüler/innen der Lerngruppe eingesehen werden sollen, z. B. ein Handout für ein Referat oder aber auch eine digital eingereichte Schulaufgabe.

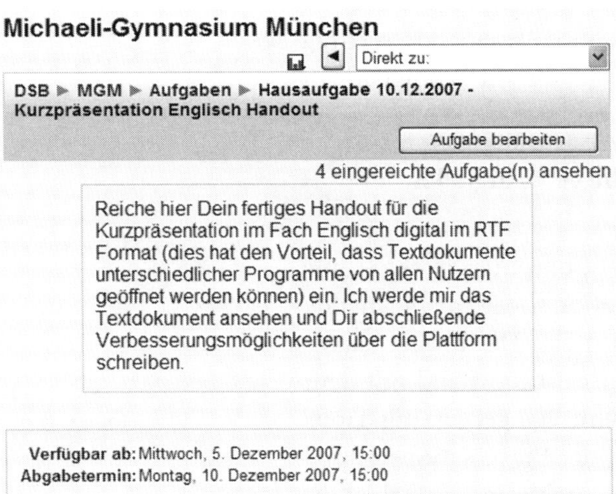

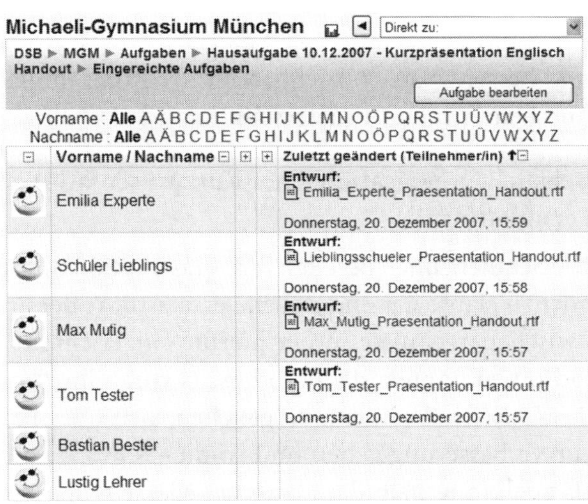

Digitales Aufbewahren von Dateien

Die wie beschrieben eingereichten Aufgaben können in einer für den Online-Klassenraum individuell veränderbaren Ordnerstruktur abgelegt werden. Diese Verzeichnisse können allen Lernenden des Online-Raums zugänglich gemacht werden, ohne dass die Schüler/innen die eingestellten Dateien z. B. aus Versehen ändern könnten.

Die digitale Aufbewahrung von Präsentationen oder anderen Dateien bietet für die Benutzergruppen Schüler und Lehrer neue Möglichkeiten des Arbeitens: Zum einen bekommen die Klassenkamerad/innen des vortragenden Schülers einen unmittelbaren Zugang zu einer Präsentation, die ihnen besonders gut gefallen hat bzw. die sie sich erneut ansehen möchten. Sie erhalten durch die digitale Aufbewahrung einen Zugriff auf Dateien, ohne dass sie sich bei dem betreffenden Schüler oder der Lehrkraft in der Unterrichtsstunde oder per E-Mail um die Übermittlung der Datei bemühen müssten. Der gewissenhafte Umgang mit geistigem Eigentum anderer wird selbstverständlich, es kommt zu einer Weiterentwicklung bestehenden Wissens und nicht nur zur Umwälzung von bereits Bekanntem.

Zum anderen werden Präsentationen aus vergangenen Schuljahren kontinuierlich an einem Online-Speicherort des jeweiligen Lehrers aufbewahrt. Die Lehrkraft erhält somit die Möglichkeit, diese Präsentationen als Beispiele für Schüler/innen der folgenden Schuljahre einzusetzen und sich mit Kolleginnen und Kollegen auszutauschen. Dieser Austausch erfolgt schnell und einfach durch das Hinzuschalten der Kollegin bzw. des Kollegen zum eigenen Online-Klassenraum in der Lernplattform.

Zeitliche Ressourcen gewinnen

Das müßige Einsammeln, Sortieren und Austeilen von Schülerarbeiten wird mithilfe der digitalen Ablagestruktur sowohl für Schüler/innen als auch für Lehrer/innen übersichtlicher und zeitsparender. Eine kurze Standard-Mail über das System ermöglicht jederzeit die Erinnerung an eine noch ausstehende Abgabe. Zudem entlastet die digitale Form des Einsammelns die bereits vollen Schultaschen von Lehrer/innen und Schüler/innen.

Reflektieren des eigenen Handelns

Die Möglichkeit zu Feedback und Reflexion des eigenen Handelns ist durch die Einbindung eines vom Lehrer leicht zu gestaltenden Feedback-Formulars gegeben, das diverse Eingabeformen wie Multiple-Choice-Fragen, Bereiche zur freien Texteingabe und Ähnliches zulässt.

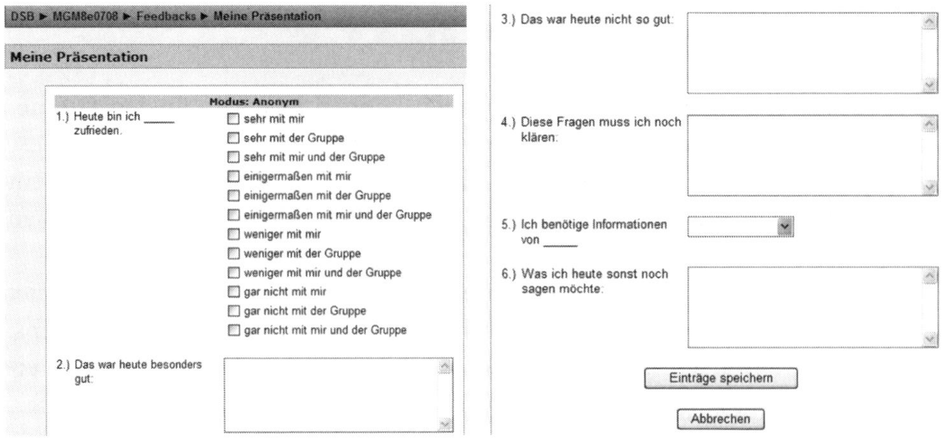

Blended Learning im Unterricht: Lernszenario am Beispiel des Englischunterrichts

Grundsätzlich ist zu beachten, dass diese Form des Unterrichts sowohl mit Laptopklassen als auch mit herkömmlichen Klassen durchgeführt werden kann. Den Schüler/innen sollte allerdings nachmittags der Zugang zum Internet ohne große Schwierigkeiten möglich sein – gegebenenfalls auch über Computerräume an der Schule oder Klassenkameraden, die in der Nachbarschaft wohnen.

In welchem Verhältnis Aufgaben im Präsenzunterricht (f2f = face-to-face) und im Online-Bereich (f2i = face-to-interface) festgesetzt werden, hängt individuell vom Thema und von der angestrebten Lernzielebene ab. Hier empfiehlt es sich, einfach auszuprobieren und sich von der eigenen Kompetenz, über die jede Lehrkraft allein schon aufgrund ihrer langjährigen Ausbildung verfügt, leiten zu lassen.

Englisch 7. Klasse: Adjective or adverb?

	f2f/ f2i	Handlungsschritte zum Lernziel »Gebrauch von Adjektiv und Adverb im Englischen erkennen und selbst richtig zuweisen können«
1	f2f	Die Schüler/innen bilden zunächst einfache englische Sätze, die keine Adjektive oder Adverbien enthalten, z. B. »Tom likes cakes.«
2	f2f f2f/ f2i	Die Schüler/innen erarbeiten im Unterricht gemeinsam mögliche Positionen der Adjektive und Adverbien anhand der eigenen Beispielsätze. Die Lehrkraft gibt Rückmeldungen hierzu. Die erweiterten Sätze werden unter die ursprünglich einfachen geschrieben und zur Visualisierung mit Farben gekennzeichnet, z. B. Adjektive blau, Adverbien rot (dieser Schritt kann auf Papier oder am Computer erfolgen).
3	f2f	Die Handhabung des Programms HotPotatoes (kostenloser Download unter http://hotpot.uvic.ca) wurde im Unterricht bereits geübt. Die Schüler/innen erstellen die ersten drei Beispielsätze gemeinsam mit der Lehrkraft im Unterricht. Es wird die Übungsform »Quiz mit Multiple-Choice-Antworten« gewählt. Hierfür sollte ein Computer mit Projektor verwendet werden, damit die Schüler/innen sich die Arbeitsschritte beim eigenen Erstellen der Webübung nochmals in

		Erinnerung rufen können. Die fertige Version mit drei Übungssätzen wird als Grundlage für die Hausaufgabe in ein Forum in die Lernplattform hochgeladen.
4	f2i	Zu Hause laden die Schüler/innen sich die Basisdatei herunter und öffnen sie auf ihrem Computer.
5	f2i	Die Schüler/innen erstellen nach dem Muster aus dem Präsenzunterricht sieben weitere Übungssätze mit Lücken und tragen sowohl mögliche richtige oder falsche Lösungen als auch das entsprechende Feedback, das ihre Mitschüler/innen erhalten, wenn sie die Webübung später aus dem Forum aufrufen, in die Programmmaske ein. Ein Originalbeispiel eines Schülers der 7. Klasse:

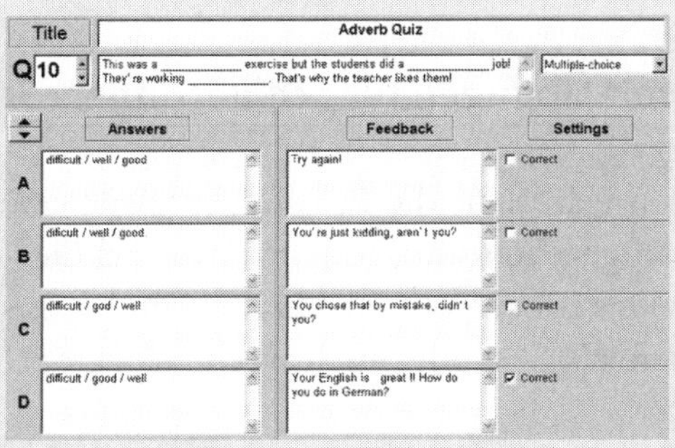

6	f2i	Die fertige Übung wird in Form einer vom Programm generierten htm-Datei von dem betreffenden Schüler in das Forum geladen.
7	f2i	Später am Nachmittag oder Abend bzw. auch am nächsten Tag rufen die Schüler/innen die Forumsbeiträge auf und öffnen die dort hinterlegten Übungen ihrer Mitschüler/innen. Zum einen üben sie damit selbst den Lerngegenstand erneut, zum anderen können sie ihren Mitschüler/innen über das Forum Rückmeldung »als Experten« zur inhaltlichen und technischen Gestaltung der Webübungen geben.

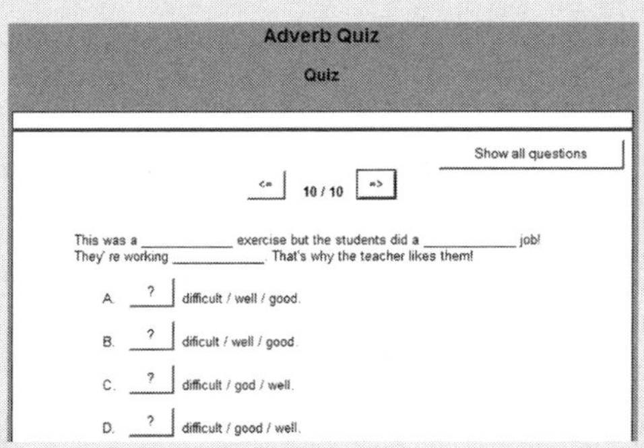

8	f2i	Die Lehrkraft schaut zwischendurch auch in das Forum und schreibt einen kurzen Eintrag, der den Schüler/innen signalisiert, dass ihre Arbeit auch vonseiten der Lehrkraft wahrgenommen wird. Auch auf Fragen kann so zum passenden Zeitpunkt geantwortet werden.
9	f2f	Die Lehrkraft zeigt mithilfe des Projektors einige von den Schüler/innen erstellte Online-Übungen und regt den Erfahrungsaustausch hinsichtlich fachlicher oder technischer Fragen an.

10	f2i	Die Schüler/innen überarbeiten ihre Online-Übungen entsprechend den Anregungen ihrer Klassenkamerad/innen oder nach Rückmeldung der Lehrkraft und stellen diese erneut in das Forum ein.
11	f2i	Einige Tage nach dem Termin der ersten Hausaufgabe zu diesem Thema verfasst die Lehrkraft einen Forumsbeitrag, in dem sie die Schüler/innen bittet, drei weitere Übungen ihrer Mitschüler/innen zu diesem Forumsstrang als Wiederholung zu durchlaufen.
12	f2i	Zur Wiederholung oder Schulaufgabenvorbereitung können die Schüler/innen jederzeit selbstständig online auf diese Übungen zurückgreifen.

Offene Klassenzimmer mit Übungen für Schüler/innen: Smoodle

Da aufgrund des bayerischen Lehrplans die Inhalte der jeweiligen Fächer in bestimmten Jahrgangsstufen vorgegeben sind, haben wir die Schüler-Moodle-Klassenräume (kurz »Smoodle«) ins Leben gerufen. Hierbei handelt es sich um offene Klassenzimmer, die von jedem als Gast oder auch als eingeloggter Nutzer betreten werden können.

Zum einen erhalten Schüler/innen dort Übungsmaterialien, um sich selbstständig auf den Unterricht vorzubereiten, einen Lehrstoff nochmals zu wiederholen oder sich auch in einer Vertretungsstunde mit Inhalten des Faches beschäftigen zu können. Andererseits können sich Lehrer/innen, die selbst einen Online-Klassenraum anlegen möchten, hier Anregungen holen.

Für Eltern bieten die Smoodle-Räume einen Überblick über die Lerninhalte, die in dem betreffenden Fach in der jeweiligen Jahrgangsstufe vorgesehen sind. Die Übungsmaterialien werden von erfahrenen und aktiv unterrichtenden Lehrern entworfen. So ist sichergestellt, dass es sich tatsächlich um relevante Übungen handelt.

Digitale-Schule-Bayern.de – Mitarbeit und Online-Klassenräume

Wenn Sie Interesse haben, sich dem Netzwerk anzuschließen, wenn Sie ein spannendes Arbeitsblatt oder ein tolles Projekt anzubieten haben – nehmen Sie mit uns Kontakt auf: *moodle@digitaleschulebayern.de*. Weitere Lehrer/innen aller Schularten und Bundesländer sind zur Mitarbeit eingeladen und können bei uns Redakteur werden.

Auch wenn Sie einen eigenen Online-Klassenraum möchten, können Sie uns mailen. Wir richten Ihnen schnell und unbürokratisch ihren eigenen Bereich ein. Weitere Informationen zur Anmeldung eines Online-Klassenraums finden Sie auf unserer Website *www.digitale-schule-bayern.de* im Bereich »Moodle« im offenen Kurs »Anmeldung zur Plattform«

Wandelndes Lexikon (1)

Appell	Aquarell
Biografie	Cleverness
Desinteresse	Etappe
Frustration	Gnom
Hierarchie	Intrige
Jury	Konzentration
Limit	Luxus
Motivation	Monotonie

Rückseiten der Kärtchen auf S. 112

mit Wasserfarben gemaltes Bild	Aufruf, Mahnruf
Gewitztheit, Klugheit	niedergeschriebene Lebensgeschichte
Teilstrecke, Abschnitt	Uninteressiertheit, Gleichgültigkeit
Zwerg, Kobold	Enttäuschung
hinterhältige Machenschaften	Rangordnung
geistige Sammlung	Kampf- und Preisrichter
Verschwendung, Prunksucht	Grenze, Begrenzung
ermüdende Eintönigkeit	Beweggründe, etwas zu tun

Wandelndes Lexikon (3)

Novität	Naivität
Orthografie	Pessimismus
Qualität	Quantität
Rosine	Stagnation
Toleranz	Universum
Vokabel	Windhose
Windrose	Xylophon
Yucca	Zentrum

Rückseiten der Kärtchen auf S. 114

unbefangene Einfältigkeit	Neuheit, Neuerscheinung
Schwarzseherei	Rechtschreibung
Menge und Größe	Beschaffenheit, Wert
Stillstand	getrocknete Weinbeere
Weltall	Duldung, Duldsamkeit
Wirbelsturm	das einzelne Wort einer Fremdsprache
Musikinstrument	Windrichtungs-, Kompassscheibe
Mittelpunkt	spanische Palmlilie

19 Can I ask you?

Which things will you give up for your own child?	Which stories do your parents know about you as a baby?	If you were a teacher, what would you change?	What can you do better than your parents?
Which story can you tell me?	With whom would you like to switch places?	What do you wish you could do really well?	How do you spend your time when nobody has time to play with you?
Which things have you brought back from a trip?	What have your parents told you about their childhood?	Have you ever fixed something which was broken? What?	What did you last fight about?
Have you ever done something which you shouldn't have done?	Which animal would you like to be? Why?	Can you tell me the way to a place you like to go to.	Is there a game you invented yourself?

20 Fantasiesätze

- Fülle unten die vier Felder aus.
- Falte das Blatt an den Trennlinien.
- Reiße oder schneide es an den Trennlinien auseinander.
- Im Klassenzimmer stehen vier Kartons: Wer? Was? Wie? Wo? Wirf jeden Zettel in die richtige Kiste.

Wer?

Trage einen Namen ein (vielleicht mit einer lustigen Ergänzung, z. B. »Kira, die listige Fee« oder »Der lustige Otto mit der dicken Nase«):

... macht was?

Trage eine Tätigkeit ein, die nicht ganz alltäglich ist (z. B. »schlürft« oder »trällert« oder »brüllt«):

Wie?

Fällt dir eine besondere Eigenschaft ein? Vielleicht bringt dich eines der Beispiele auf eine Idee: »humpelnd« oder »zornig«.

Wo?

Nenne einen ungewöhnlichen Ort (z. B. »auf einem Misthaufen« oder »unter der Dusche«):

21 # Kurzkrimi

- Schreibe einen Mini-Krimi und fülle unten die sechs Felder aus.
- Falte das ausgefüllte Blatt an den Trennlinien.
- Reiße oder schneide es an den gefalteten Linien auseinander.
- Im Klassenzimmer stehen sechs Kartons. Wirf jeden Zettel in die richtige Kiste!

Welche weibliche Person?
Trage eine weibliche Person ein
(z.B. »eine Seiltänzerin«).

Welche männliche Person?
Trage eine männliche Person ein
(z.B. »Pippo, der Eisverkäufer«).

Wo begegnen sie sich?
Nenne einen Ort
(z.B. »hinter dem Zirkuszelt«).

Sie fragt ihn:
Notiere eine Frage
(z.B. »Warum hast du kein Himbeereis?«).

Er antwortet ihr:
Schreibe eine Antwort
(z.B. »Weil es mir gestohlen wurde«).

Und so endet die Geschichte:
Erfinde einen Schluss
(z.B. »So wollte sie nur ein Zitroneneis«).

22 Wind oder Qual?

Lies die beiden Gedichte in Ruhe durch und schreibe anschließend deinen kurzen Kommentar darunter.

Windgedicht

Ein Pups
ist ein Wind
mein Kind
der schwer nur
aus dem Bauche find

und darum
knallt oder knattert –
was alle andern verdattert.

Peter Härtling

aus: Peter Härtling (1999): Gesammelte Werke, Band 8: Gedichte. Hrsg. von Klaus Siblewski, © Kiepenheuer & Witsch, Köln

Lernfähigkeit

Leicht zu lernen
was ich schon weiß
Schwer zu lernen
was ich noch nicht weiß

Eine Lust zu lernen
was ich nicht wissen soll
Eine Qual zu lernen
was ich nicht wissen will

Was ich nicht wissen will
kann ich alles wieder vergessen
nur eines nicht:
daß ich es vergessen wollte

Erich Fried

aus: Erich Fried (1987): Am Rande unserer Lebenszeit, © Verlag Klaus Wagenbach, Berlin

Mir gefällt das Gedicht von ______________________ besser, weil

____

____

____

Dieses Gedicht würde ich am liebsten ______________________

____

____

____

Am besten gefällt mir der Satz ______________________

____

Die meisten Reden scheitern an schlechter oder zu geringer Vorbereitung. Gute Vorbereitung ist schon drei Viertel des Redeerfolgs!

23 Die Referatsvorbereitung im Überblick

Die Phase der Rede bzw. Präsentationsvorbereitung lässt sich in vier Bereiche aufteilen:

I. | Die ersten drei Schritte gehen

1. Was will ich? Helfende Fragestellungen:
Weshalb halte ich die Rede?
Was soll danach passieren?
Wie will ich wirken? Warum?
Was sollen meine Zuhörer am Ende meiner Rede im Kopf haben?

2. Was wollen meine Zuhörer?
Wer sind meine Zuhörer?
Woher kommen sie?
Warum sind sie hier bzw. was erwarten sie?
Welches sind ihre Interessen und Bedürfnisse?
Was langweilt sie? Was begeistert sie?

3. Herausfinden, wie durch die Gestaltung meines Vortrages beide gewinnen können

II. | Inhalte sammeln

Zunächst sammle ich alle Aspekte zum Thema (Brainstorming). Anschließend entscheide ich mich für drei Schwerpunkte, die gleichzeitig helfen, meine Inhalte zu strukturieren.

III. | Performance: Inszenierung ausdenken und entwickeln

Ich überlege mir, *wie* ich meine ausgewählten inhaltlichen Aspekte inszeniere:
- Reihenfolge (Spannungsbogen, Dramaturgie)
- Wahl der Medien
- Hilfsmittel
- Zuhörer einbeziehen, aber wie? (Wo können meine Zuhörer selbst etwas tun/beitragen? Beispielsweise durch Fragen an die Klasse: Wortbeiträge liefern oder nach vorne kommen/am Platz etwas tun ...)
- Was kann ich hierbei tun, um möglichst viele Wahrnehmungskanäle anzusprechen?

IV. | Umsetzung planen und ausführen

Take action, los geht's! Ich besorge alle Hilfsmittel, die ich benötige (Kopien, Overhead-Folien, Uhr), ich führe den Technik-Check durch, stelle Anschauungsmaterial bereit, beschrifte Tafel oder Flipchart-Blätter und so weiter.

24 Hinweise zur Vortragsweise

1. Inhaltlich
Prägnanz: drei Hauptpunkte, klare Aussagen, ein Gedanke pro Satz
Struktur: »Dreischritt« von Eröffnung (»Warm up«), Hauptteil und Schluss
Dramaturgie: Interesse beim Zuhörer wecken – ich sage maximal 60 Prozent dessen, was ich weiß.

»Alles zu sagen, ist das Geheimnis der Langeweile.«
Voltaire

2. Verbal-auditiv
kurze Sätze: Schachtelsätze aussortieren und zum Altpapier!
Wortwahl: Mut zur lebendigen, gehobenen Umgangssprache. Diese ist für die Zuhörer attraktiver als geschliffene Redebeiträge in aalglatter Hochsprache.
Dynamik in der Sprechtechnik
Mut zu *Pausen:* »21 ... 22 ... 23«

»Hundert Worte, die den Verstand beeindrucken, wirken nicht so tief wie ein einziges Wort, welches das Herz bewegt.«
Tyde Monnier

3. Visuell
Visualisierung bzw. Darstellung – wie? (Medieneinsatz: Skizzen, Übersichten ...)
Gestik
Körpersprache und *Bewegung im Raum* (»Stop and go«)

Wenn ich mich immer wie gewohnt verhalte, bekomme ich auch immer die gewohnten Ergebnisse.

25 Tipps für eine gute Rede

Die Aufmerksamkeit der Zuhörer gewinne ich, indem ich …
Hilfsmittel einsetze (visualisiere),
gekonnt Pausen setze,
meinen Standort wechsle,
meinen Vortrag durch Humor auflockere,
für frische Luft sorge,
meine Sprechtechnik ändere.

Wenn ich den Faden verliere, finde ich ihn wieder, indem ich …
ehrlich und selbstbewusst die Wahrheit sage (»So jetzt hab ich den Faden verloren, wo waren wir stehen geblieben?«),
Fragen an die Zuhörer stelle,
die Pause einläute, wenn es zeitlich passt,
Dinge parat halte, die ich zeigen kann (Bilder, Statistiken, Gegenstände und Ähnliches),
den gesamten letzten Abschnitt zusammenfasse.

Checkliste
Die Gliederung ist mir auch im Kopf klar.
Ich habe zeitlichen Spielraum für Rückfragen und Diskussionen (während des Vortrags/anschließend).
Ich habe mich im Vorfeld mit den Mitschüler/innen, die ein ähnliches Thema haben, vor oder nach mir referieren, abgesprochen.
Ich habe vorher *alles* ausprobiert (Overhead-Projektor; Laptop, Video, Beamer …).
Ich bin rechtzeitig vor Redebeginn anwesend.

Direkt vor der Rede nehme ich mir Folgendes vor:
Ich halte extrem guten Blickkontakt.
»Weichmacher«, also Füllwörter wie »irgendwie« und »eigentlich«, nehme ich alle heraus.
Ich spreche abwechslungsreich.

Tipps für eine gute Rede
Meine Sätze sind kurz, einfach und verständlich.
Ich habe viele Beispiele und bringe Anschauungsmaterial (Gegenstände, Dias und Ähnliches).
Ich verwende lebendige Verben.
Alle auftauchenden Fremdwörter sind bekannt oder werden geklärt.
Zahlen und Namen verwende ich sparsam.
Für die anschließende Diskussion habe ich mir drei oder vier öffnende Fragen überlegt.

Tipps, die bei Lampenfieber helfen
Ich bereite mich gut vor.
Ich ergreife jede Gelegenheit, um schon vorher zu Gruppen zu sprechen.
Ich esse vor der Rede nur wenig.
Ich prüfe mein Äußeres.
Ich gönne mir Ruhe vor der Rede.
Ich habe keine Angst, einen Satz unvollständig zu Ende zu bringen.
Ich lerne den Beginn und das Ende meiner Rede auswendig (drei bis fünf Sätze sollten genügen).
Ich strebe nicht nach Perfektion, denn ich weiß: *Auch meine Zuhörer sind nur Menschen mit Fehlern und Schwächen.*

26 Der Eisbär

Merkmale und Eigenschaften

Erwachsene männliche Eisbären erreichen im Durchschnitt eine Kopf-Rumpf-Länge von 2,40 bis 2,60 Metern, in Einzelfällen sogar von bis zu 3,40 Metern. Das Gewicht variiert zwischen 300 und 800 (durchschnittlich 420 bis 500) Kilogramm.

Das gelblich-weiße Fell stellt in eisigem Umfeld eine ideale Tarnung dar. Es ist zudem sehr dicht, ölig und Wasser abweisend; unter der schwarzen Haut befindet sich eine 5 bis 10 Zentimeter dicke Fettschicht. Die äußeren Fellhaare des Eisbären sind innen hohl, was zusätzlich zur dicken Fettschicht für eine hervorragende Wärmeisolation sorgt. Außerdem erhöhen die Haare zusammen mit der Speckschicht den Auftrieb beim Schwimmen.

Verbreitungsgebiet und Lebensraum

Eisbären sind ausschließlich in der Arktis verbreitet, und zwar in der Polarregion rund um den Nordpol. Die meisten hocharktischen Eisbären halten sich das ganze Jahr über an den Küsten oder auf dem Meereseis auf, um dort Robben zu jagen. Lange Zeit galt die Auffassung, Eisbären seien ausgesprochene Wanderer, die der Bewegung des Eises großräumig rund um den Nordpol folgen. Neuere Beobachtungen ergaben jedoch, dass es eine größere Anzahl standorttreuer Populationen gibt. Eisbären kommen meist in mehreren Populationen in folgenden sechs Erdregionen vor:

- auf Svalbard und dem Franz-Joseph-Land,
- im nördlichen Sibirien,
- auf der Wrangelinsel und im westlichen Alaska,
- im nördlichen Alaska,
- in Kanada, vor allem auf den arktischen Inseln, aber auch entlang der Hudson Bay und an der Nordküste der Labrador-Halbinsel,
- auf Grönland.

Aktivitätszeiten

Eisbären sind tagaktiv und vor allem während des ersten Tagesdrittels in Bewegung. Etwa 29 Prozent ihrer Zeit nehmen Wandern und Schwimmen in Anspruch, und nur 5 Prozent sind dem Jagen und Fressen zuzurechnen. Etwa 66 Prozent ihrer Zeit verbringen sie jedoch schlafend, ruhend oder auf Beute lauernd. Das Säugen der Jungen erfolgt überwiegend zur Mittagszeit (Sonnenhöchststand).

Fortbewegung

Eisbären sind sehr gute Schwimmer, jagen jedoch üblicherweise nicht im Wasser nach Beute. Schwimmend können sie mehr als fünf Kilometer in der Stunde zurücklegen und als Langstreckenschwimmer Entfernungen von 65 Kilometern und mehr überwinden. Tauchgänge von 2 Minuten bereiten ihnen keinerlei Schwierigkeit; die Tauchtiefe beträgt aber selten mehr als zwei Meter. An Land wandern Eisbären oft stundenlang über weite Strecken und bringen in der Stunde mehr als sechs Kilometer hinter sich. Auch kurze Sprints mit 30 Kilometern pro Stunde sind ihnen leicht möglich. Da sie sich dabei jedoch stark erhitzen, sind sie nicht in der Lage, solche Geschwindigkeiten lange durchzuhalten. Rentieren oder Karibus sind Eisbären in dieser Hinsicht unterlegen.

verändert nach http://de.wikipedia.org/wiki/Eisbaer

27 Rhetorik-Werkzeuge (1)

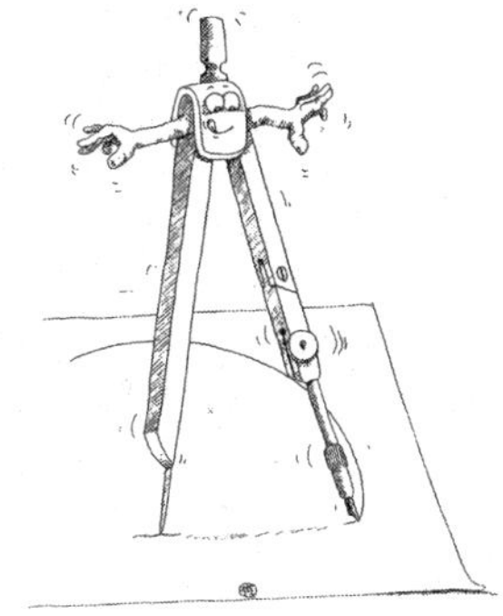

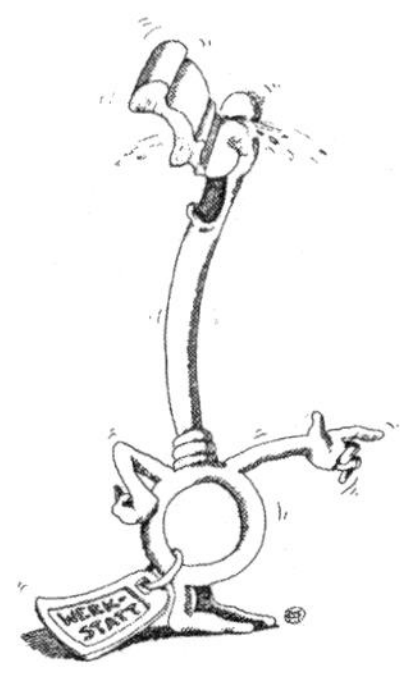

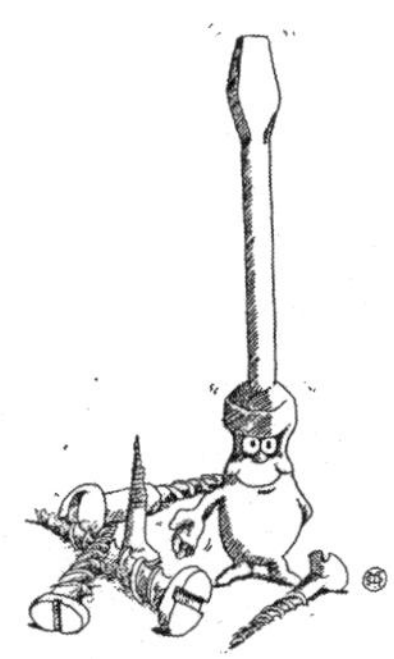

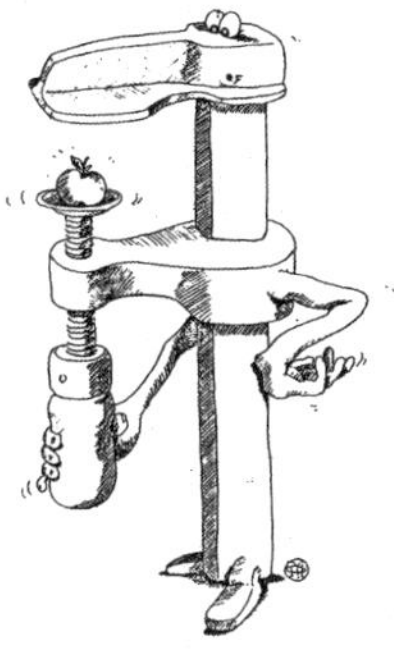

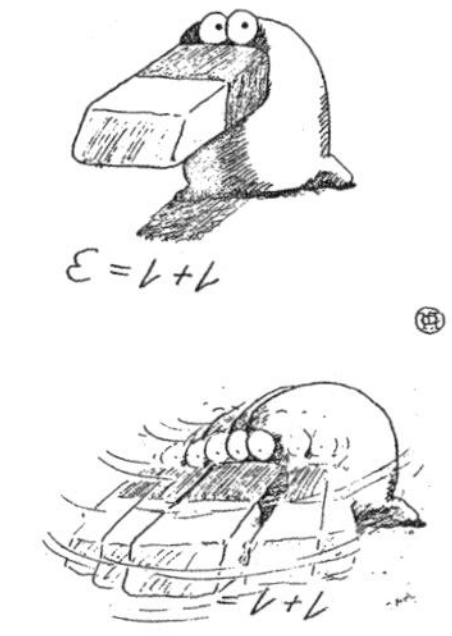

Illustrationen: Markus Olivieri, Laufenburg

27 Rhetorik-Werkzeuge (2)

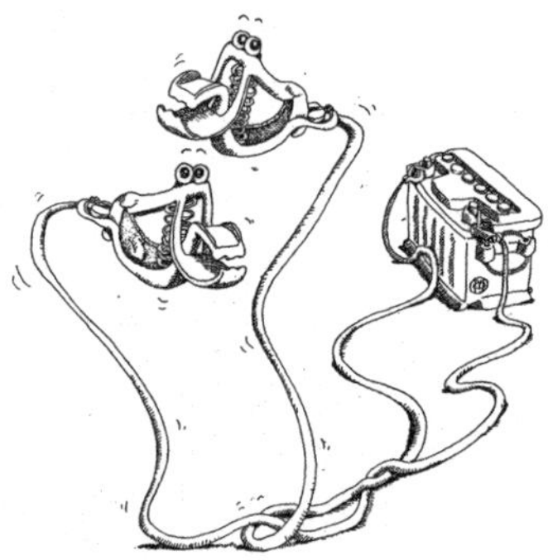

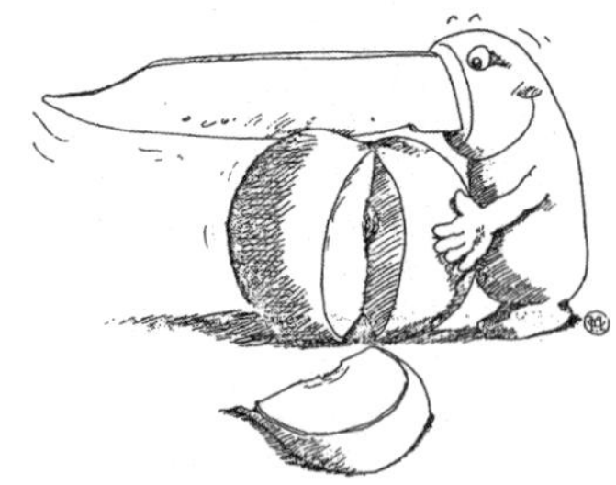

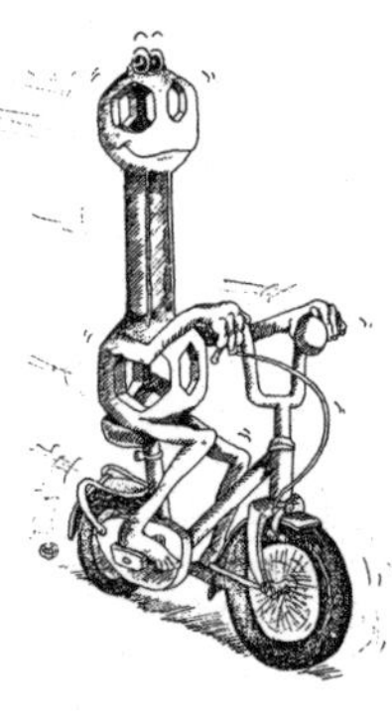

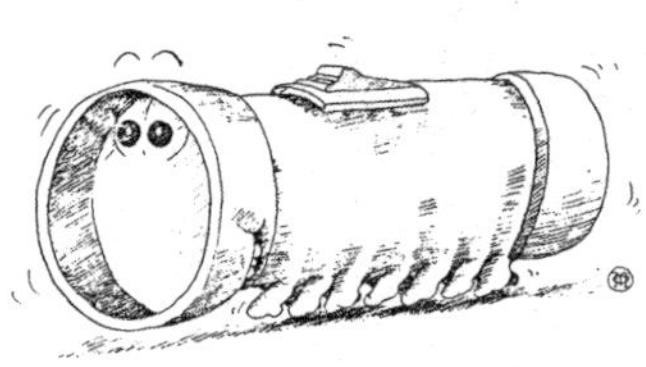

Illustrationen: Markus Olivieri, Laufenburg

27 Rhetorik-Werkzeuge (3)

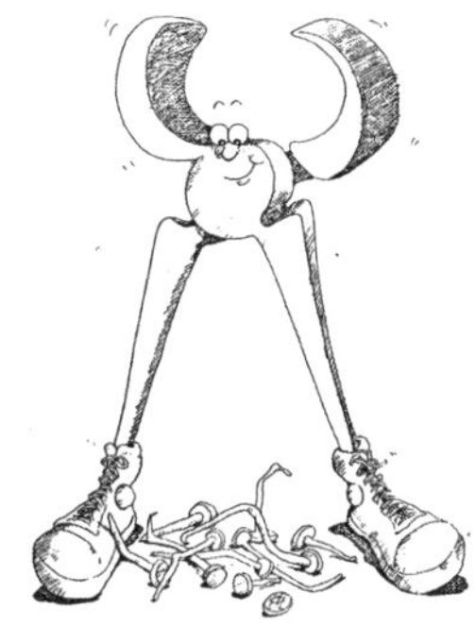

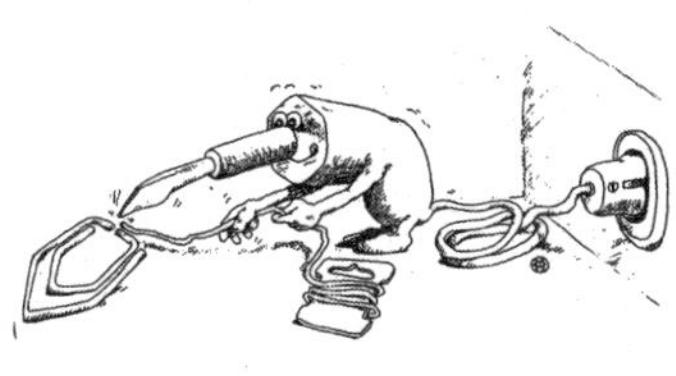

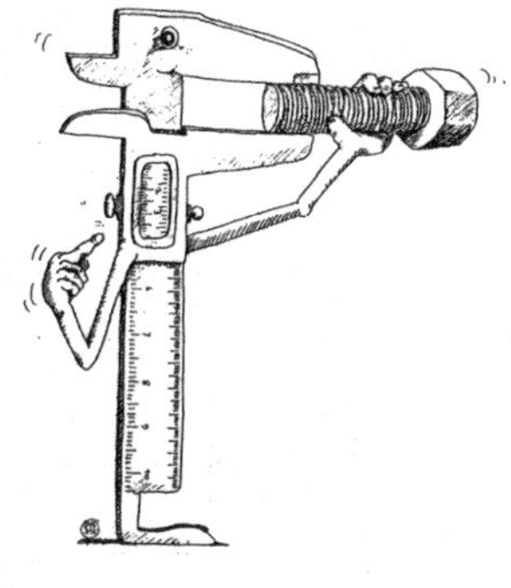

Illustrationen: Markus Olivieri, Laufenburg

28

Eine schwere Entscheidung

In einer Klinik warten fünf herzkranke Menschen dringend auf ein Spenderherz. Doch zurzeit steht nur ein einziges zur Verfügung. Es ist fraglich, wann das nächste zu erwarten ist. Alle fünf Patienten wurden ungefähr zur selben Zeit angemeldet und ihre Lebens- und Überlebenschancen sind in etwa gleich.

Wer soll dieses eine Herz bekommen? Das Ärzteteam ist sich noch nicht einig. Zwar muss der Chefarzt die Entscheidung treffen, doch will dieser noch einmal die Argumente seiner Kolleginnen und Kollegen hören. Wer bekäme das Herz, wenn du zu entscheiden hättest oder entscheiden müsstest?

Silke D., 39 Jahre alt, Hausfrau Sie ist Witwe und hat zwei schulpflichtige Kinder. Sie bekommt zwar eine gute Rente, hat aber kaum Ersparnisse.	○
Kevin K., 42 Jahre alt, Fernsehmoderator Der allein erziehende Vater hat einen 14-jährigen Sohn. Er engagiert sich sehr erfolgreich für ein Kinderhilfswerk in Vietnam.	○
Jürgen B., 55 Jahre alt, Bürgermeister Der sozial engagierte und bei den Bürgern äußerst beliebte Politiker hat eine schwer kranke Frau und ein behindertes Kind.	○
Gregor M., 51 Jahre alt, Bauunternehmer Der Vater von drei älteren Adoptivkindern möchte der Klinik nach der Operation den dringend nötigen Anbau stiften.	○
Evelyn R., 23 Jahre alt, Studentin Die lebensfrohe Frau hat keine Eltern mehr und finanziert ihr Studium durch Nachhilfestunden. Sie möchte Lehrerin werden.	○

Schlusswort

Wenn im Theater der Vorhang fällt, ist die Vorstellung noch nicht zu Ende. Erst beim Schlussapplaus zeigt sich, wie die Aufführung angekommen ist. Über den Applaus nach einer Rede entscheidet sehr stark der Schlusssatz. Bei einem Buch hängt die persönliche Bewertung oft davon ab, wie die Geschichte ausgeht.

Deshalb soll das Schlusswort dieses Buches Ihnen gelten. Sie haben unser Buch gelesen und möchten damit arbeiten oder haben es noch vor. Damit schenken Sie uns Ihr Vertrauen, für das wir herzlich danken. Wir wünschen Ihnen viel Freude und Erfolg beim Anwenden und Ausprobieren unseres Übungsangebots.

Natürlich würden wir uns über Ihren »Applaus« freuen. Den können Sie uns auch per E-Mail »spenden«: Kueffner@SpracheMachtPersoenlichkeit.com und info@endres.de. Über diesen Weg nehmen wir auch dankbar Ihre Kritik entgegen, ganz besonders, wenn Sie Fehler in unserem Buch entdeckt haben sollten. In diesem Sinne wünschen wir auch Ihnen und Ihren Schülerinnen und Schülern positive Erfahrungen im Umgang mit Fehlern, ganz nach der Maxime: »***Ich mache Fehler, also lerne ich.***«

Ihr Autorenteam
mit Wolfgang Endres und Moritz Küffner

Literaturverzeichnis

Bildlexikon der Kunst, Band 15 (2007): Körpersprache – Gestik Mimik Ausdruck. Berlin: Parthas.

Birkenbihl, Vera F. (2007): Rhetoriktraining. Besser reden – ein Übungsprogramm mit drei Begleit-CDs. 14., erweiterte Auflage. München: Hugendubel.

Bury, Ernst (2005): Rhetorik verstehen und durchschauen. 5. Auflage. Lichtenau: AOL-Verlag.

Buzan, Tony (2005): Das Mind-Map-Buch. Die beste Methode zur Steigerung Ihres geistigen Potenzials. 5., aktualisierte Auflage. Heidelberg: mvg-Verlag.

Endres, Wolfgang et al. (2007): Mündlich gut. Tipps zur mündlichen Mitarbeit. 11. Auflage. Stuttgart: Deutscher Sparkassenverlag.

Endres, Wolfgang et al. (2002): Werkstatt: Lernen. Unterrichtsmaterialien und Arbeitsblätter (Sek I/II). 2., neu ausgestattete Auflage. Weinheim/Basel: Beltz.

Fritzsch, Corinna (2006): Grundwissen Präsentationstechniken. Reihe »deutsch.werk«. Stuttgart: Klett.

Galli, Johannes (2003): Körpersprache und Kommunikation. 4. erweiterte Auflage. Freiburg: Galli-Verlag.

Kofler, Leo (1992): Die Kunst des Atmens. 26. Auflage. Kassel: Bärenreiter.

Lercher, Andreas (2007): Vernetztes Denken mit Mind Mapping. kmu-forum verlag (E-Book, www.kmu-forum.net).

Löhr, Jörg (2007): Erfolgstraining News 8/2007. Newsletter von Jörg Löhr Erfolgstraining (www.joerg-loehr.com).

Markmann, Frauke (2007): Freie Rede. Arbeitsvorlagen Klasse 5–7. Für Deutsch, Rhetorik und Theater-AG. Lichtenau: AOL-Verlag.

Mehrabian, Albert (1980): Silent Messages. Implicit Communication of Emotions and Attitudes. 2. Auflage. Belmont: Wadsworth Publishing.

Morris, Desmond (1981): Der Mensch, mit dem wir leben. München: Knaur.

Mühlisch, Sabine (2007): Fragen der Körpersprache. Antworten zur non-verbalen Kommunikation. Paderborn: Junfermann.

Pöhm, Matthias (2006): Nicht auf den Mund gefallen! So werden Sie schlagfertiger und erfolgreicher. München: Goldmann.

Sprenger, Reinhard K. (2004): Die Entscheidung liegt bei dir! Wege aus der alltäglichen Unzufriedenheit. 13. Auflage. Frankfurt: Campus.